AF355917

LA CLEF

DE TOUS LES

OUVRAGES DE DAMES.

—

Procédés applicables à tous les ouvrages de...

BRODERIE BLANCHE; BRODERIE EN OR, EN SOIE ET EN CHENILLE;
TAPISSERIE; TRICOT; CROCHET; FILET;
FILET BRODÉ; GUIPURE; FRIVOLITÉ; FLEURS EN LAINE; MOSAIQUE;
OUVRAGES EN PERLES; FRANGES; GLANDS, ETC.

Bruxelles. — Typ. BRUYLANT-CHRISTOPHE ET Cⁱᵉ, rue Blaes, 31.

LA CLEF

DE TOUS LES

OUVRAGES DE DAMES

PAR

Mⁿᵉ Agnès Verboom.

Illustrée de 102 gravures sur bois soigneusement exécutées.

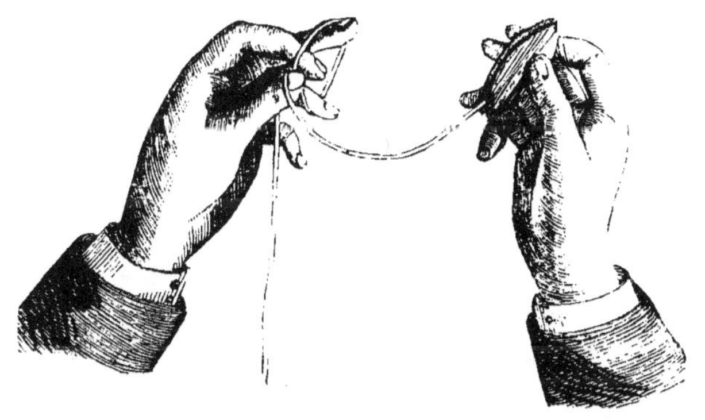

BRUXELLES,
BRUYLANT-CHRISTOPHE & Cⁱᵉ,
RUE BLAES, 51.

PARIS.
ADOLPHE GOUBAUD,
RUE DE RICHELIEU, 92.

AVANT-PROPOS.

Le titre de cet ouvrage indique assez son utilité pratique.
Une longue expérience dans la rédaction de différents journaux s'occupant d'ouvrages de dames, nous a convaincue
qu'un traité spécial comme celui que nous publions aujourd'hui était essentiellement nécessaire pour rendre
vraiment utiles aux dames les modèles d'ouvrages qu'on
leur donne dans les recueils périodiques. Les petits travaux
ont beau être expliqués avec soin, il est vraiment impossible de remonter chaque fois jusqu'aux principes élémentaires de la broderie, du tricot, du crochet, etc. Outre que
les abonnées déjà au courant de la manière de faire ces
ouvrages trouveraient beaucoup d'ennui à la redite conti-

1

nuelle de toutes ces explications, elles prendraient dans le journal un espace précieux qu'il vaut mieux consacrer à de nouveaux modèles.

C'est donc à toutes les femmes et jeunes filles qui désirent *apprendre* les différents genres d'ouvrages d'agréments mais plus spécialement encore à toutes les abonnées des journaux qui donnent des modèles de travaux de dames, que nous adressons ce volume. Elles y trouveront non pas de nouveaux points ni de nouveaux modèles, mais la base même de tous les ouvrages, les commencements, les principes généraux. Nous leur enseignerons à broder, à soutacher, à faire du tricot, du crochet, du filet, de la frivolité, en un mot tous les genres d'ouvrages de dames. Ensuite, lorsqu'elles trouveront dans un journal le modèle d'un ouvrage quelconque, si elles ne comprennent pas comment il se fait, elles n'auront qu'à en référer à leur *clef* pour apprendre d'abord les principes élémentaires du genre de travail qui leur est proposé; il leur sera bien facile ensuite de suivre les indications plus particulières du modèle qu'elles auront choisi.

Nous avons apporté le plus grand soin à la rédaction de ce petit traité, afin de rendre les explications aussi claires que possible; elles sont presque toutes accompagnées d'une gravure montrant le point avec une exactitude scrupuleuse.

A ces explications, nous avons ajouté la manière de reproduire les dessins sur étoffe, le moyen de découper les
patrons d'après les planches-annexes des journaux, en un
mot tous les renseignements que nous demandent sans
cesse les abonnées de toutes les publications qui donnent
des modèles d'ouvrages et de modes.

Enfin nous avons consciencieusement travaillé à être
utile, et, si nous avons facilité la tâche de celles que nous
cherchons toujours à satisfaire, si en leur donnant la *Clef
de tous les ouvrages de Dames*, nous avons augmenté leurs
plaisirs en aplanissant les difficultés qu'elles ont pu ren-
contrer jusqu'ici dans l'exécution de leurs petits travaux,
nous nous sentirons amplement récompensée de tous nos
efforts.

AGNÈS VERBOOM.

MATÉRIAUX.

Nous recommandons, pour tout ce qui concerne la broderie blanche, la maison Jardin, rue de Rivoli, n° 83. On y trouve un choix immense de dessins de broderie sur étoffe, échantillonnés, ainsi que des assortiments complets de tout ce qui est nécessaire pour broder : cotons, soutaches, lacets, serpentine, mignardise, toile cirée, etc.

Pour les ouvrages de fantaisie, nos renseignements et nos modèles viennent de la maison Thorel, *à la Religieuse*, rue Saint-Denis, n° 245. Outre des modèles d'ouvrages nouveaux, sans cesse renouvelés, cette maison se recommande par son choix de belles tapisseries dessinées et échantillonnées, ses assortiments de laines, de soie, de matériaux pour toute espèce d'ouvrages, ses montures riches et élégantes en maroquinerie, bambous, vannerie fine, etc.

Nous rappellerons aussi aux dames la spécialité si remarquable de la maison Lévêque, passage Choiseul, n° 60, pour la guipure sur filet.

CHAPITRE PREMIER.

BRODERIE BLANCHE.

FESTON.

Le point de feston est celui par lequel on commence lorsqu'on
apprend à broder. Il se fait sur toute espèce d'étoffe avec du
coton, de la soie ou de la laine. Prenons pour exemple une
bande en nansouk. On les trouve généralement toutes dessinées
en bleu ; mais si on n'en a pas, il faut calquer un des festons
des planches de broderie, tous les journaux de dames en donnent ; pour cela on attache avec des épingles la bande d'étoffe
sur le dessin et on en suit le contour à travers, à l'aide d'un
crayon de mine de plomb. Quand le dessin est tracé sur la bande,
on bâtit celle-ci sur de la toile cirée verte qu'on vend pour cet
usage dans tous les magasins de broderies dessinées. On a du

coton assorti pour la grosseur à celle de l'étoffe et l'on *trace* le contour du feston en coton blanc. Pour tracer on fait sur le contour dessiné un point long, puis un point très-court, à peine de deux ou trois fils de l'étoffe. (Voir les premiers festons de la fig. 1.) La bande étant tracée, on commence le feston proprement

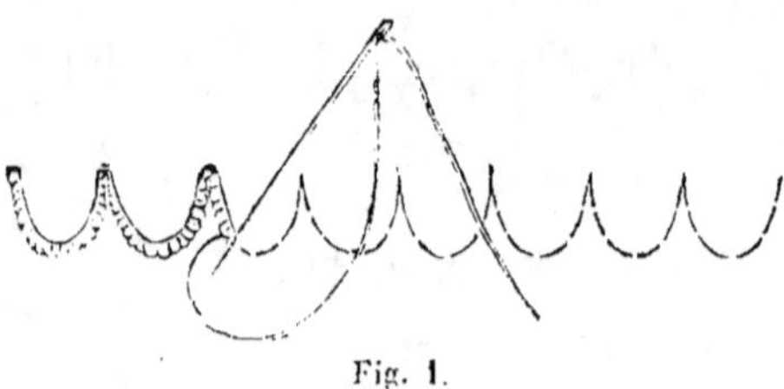

Fig. 1.

dit. On tient la bande en ayant la courbe du feston devant soi et l'on travaille de gauche à droite. Pour commencer ou remettre de nouveau coton, prenez un peu au delà du pied du feston et piquez l'aiguille de dessous au-dessus, tirez le coton, posez le pouce de la main gauche dessus, piquez l'aiguille en dedans du tracé, faites-la ressortir en dehors, tirez le coton en le soutenant toujours avec le pouce jusqu'au bout de l'aiguillée, puis serrez le point. (Voyez la première moitié du feston, fig. 1.) On découpe le feston lorsque la bande est terminée.

FESTON POINT DE ROSE.

Ce feston diffère du feston ordinaire en ce qu'il ne se fait pas sur un seul fil tracé, mais sur une surface plus large marquée par deux lignes tracées. Il ne sert pas seulement de bord, mais on

l'emploie aussi pour faire des feuilles et principalement des feuilles
de rose, d'où vient son nom. On décalque le dessin et on monte
l'ouvrage sur une toile cirée comme pour le feston simple, puis
on trace les deux contours qui marquent l'épaisseur du feston.
(voyez fig. 2). Ensuite on le bourre, c'est-à-dire qu'on remplit

Fig. 2.

tout l'espace entre les deux contours tracés par des points contrariés pris dans le sens de la courbe du feston; cela donne du
relief à l'ouvrage et on emploie du coton un peu plus gros que
pour le feston. Après cela on commence le feston en travaillant
de gauche à droite et en procédant comme pour le feston simple,
avec cette différence qu'on prend avec l'aiguille toute l'épaisseur
comprise entre les deux contours.

Pour faire la rose, on trace, puis on bourre chaque pétale et
on les festonne en piquant toujours l'aiguille à l'intérieur du
contour pour la faire ressortir sous le contour extérieur. On
voit sur la figure 2 une rose en partie tracée, bourrée et festonnée et le feston point de rose, en crête de coq, servant de
bordure; on le découpe comme le feston simple.

Ce même point de feston s'adapte à toutes sortes de fleurs et de dessins. Nous en donnons des exemples dans la figure 5. Le

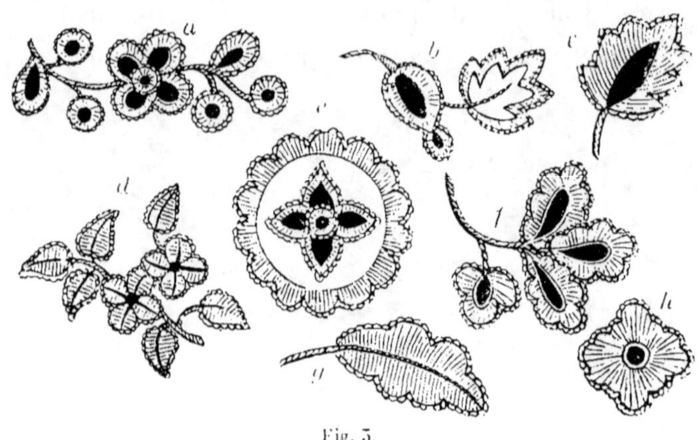

Fig. 5.

premier motif, *a*, dessiné, tracé et bourré comme nous l'avons dit, on festonne la première petite feuille, après avoir fendu le milieu d'un coup de ciseaux. En travaillant on élargit l'ouverture en renfonçant les bords de la coupure avec l'aiguille, ce qui donne de la solidité à la broderie; on pique toujours l'aiguille dans cette ouverture pour la faire ressortir au delà du contour extérieur. Il faut se servir de coton fin et tenir le point égal et serré. On passe sur la tige en faisant un cordonnet pour tenir à l'un des œillets. On perce un petit trou au milieu, avec le poinçon à broder (fig. 4) et on travaille tout autour au point de feston en piquant l'aiguille dans l'ouverture comme pour la feuille. Pour arrêter le coton on fera quelques points allongés sur la partie bourrée la plus proche ou sur une tige seulement tracée et l'on travaillera par-dessus. Pour remettre du coton, on s'y prendra un peu avant l'endroit où le feston s'arrête en laissant traîner le nouveau brin de manière à travailler par-dessus. La fleur de ce motif *a* se découpe dans chaque pétale comme la première feuille et l'œillet qui se fera en dernier a le centre percé au poinçon.

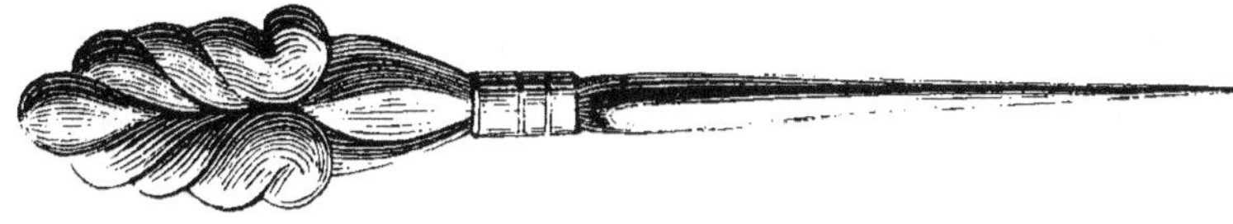

Fig. 4.

Le motif *b*, qui représente un bouton de rose avec sa feuille, se fait avec le même point de feston. Le bouton est fendu au milieu, ainsi que la petite feuille du bout, puis festonné tout autour. La feuille dentelée est mate au milieu avec une nervure au cordonnet et les dents sont festonnées; pour les faire on piquera l'aiguille en dedans de la feuille.

Le motif *c* est une feuille fendue au milieu et festonnée tout autour. On y voit une moitié de la feuille festonnée et l'autre moitié seulement *bourrée* avec les points dans le sens contraire à ceux du feston.

Sous la lettre *d* se trouve un bouquet qui pourrait se broder au *plumetis fendu*, mais qu'il est beaucoup plus aisé de reproduire au point de feston. Quand le dessin est tracé et bourré on le festonne en piquant l'aiguille sur la nervure du milieu d'une feuille ou de l'un des pétales de la fleur. Quand on a terminé l'un des côtés de la feuille, on fait l'autre, en piquant toujours dans le milieu, ce qui produit une ligne creuse pour la nervure.

L'extérieur de la rosace *e* est un feston crête-de-coq et le milieu a un motif dont les quatre feuilles sont coupées et un œillet au centre.

Le motif *f* se rencontre souvent dans les broderies soit au plumetis, soit à l'anglaise, et en varie agréablement la monotonie. Les feuilles sont coupées au milieu et sont brodées au feston crête-de-coq tout autour.

La feuille *g* n'est point coupée ; elle est travaillée en deux fois en piquant l'aiguille sur la ligne du milieu. Ce genre est un peu lourd. On l'emploie avec succès dans les grands dessins de robe ou de bas de jupon avec de la broderie anglaise.

Le motif *h* est percé au milieu avec le poinçon. On pique l'aiguille dans l'ouverture, on la fait ressortir au delà du contour extérieur. Comme on le voit, les points sont très-longs à quelques endroits. Il faut avoir soin de les faire bien régulièrement sans qu'ils empiètent les uns sur les autres. Pour cela ils doivent être très-serrés au centre et à distance plus éloignée à la circonférence.

Nous rappellerons qu'avant de couper une feuille ou de percer un œillet il faut toujours que le tracé soit terminé.

Le feston point-de-rose et le feston crête-de-coq s'emploient beaucoup en laine pour garniture de vêtements d'enfants. La manière de les faire est la même que pour les festons en coton. Pour bourrer, on se sert de gros coton à tricoter et l'on festonne

par-dessus avec de la laine 2 fils. La figure 5 offre deux modèles de festons en laine : l'un simple et l'autre en crête-de-
coq.

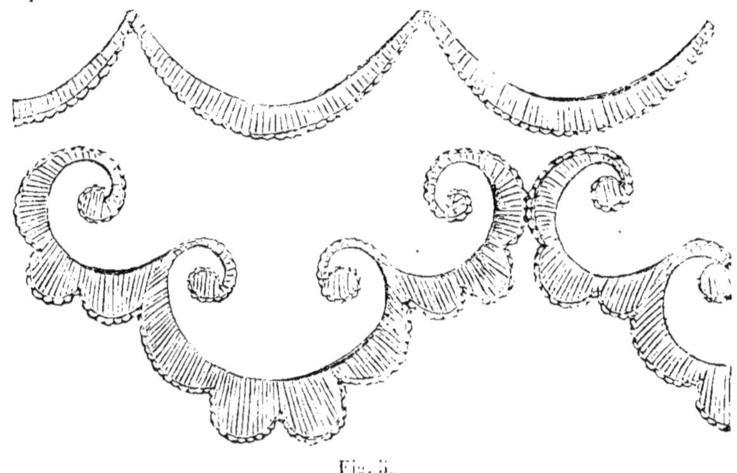

Fig. 5.

CORDONNET.

Ce point est si simple et si facile à faire qu'il semblerait tout
au plus nécessaire d'en parler, s'il n'avait de si nombreuses
applications dans la broderie qu'il devient un de ses principaux
éléments et que par conséquent nous devons nous en occuper
spécialement. Dans tous les genres de broderie, il sert à former
les tiges et les nervures des feuilles et des fleurs, et, en général,
les lignes. Pour le faire, on trace le contour de son dessin, puis
sur ce tracé on fait un point petit et serré qui le recouvre. Ce
point de broderie ressemble beaucoup à un point de couture :
le surjet. Il doit être serré et couché un peu de biais ; pour faire

les tiges il faut ne prendre avec l'aiguille que juste l'épaisseur du tracé ; celui-ci va souvent en augmentant et le tracé prend alors un double contour ; le cordonnet doit suivre cette augmentation et s'épaissir selon la grosseur de la tige. Dans la figure 5 on voit plusieurs exemples de cordonnet, motif *a, b, c, d;* dans le motif *f* la tige augmente et devient plus grosse par le bout.

Le cordonnet sert beaucoup dans la broderie des chiffres et des initiales qui sont maintenant généralement employés pour marquer non-seulement les mouchoirs, mais aussi le linge de corps, de lit et les services de table.

Les journaux qui s'occupent d'ouvrages de dames sont remplis de modèles, de chiffres et de noms plus ou moins ornés et dont la plupart sont au cordonnet.

La *broderie anglaise* et la *broderie en applications* sont entièrement faites au cordonnet: Nous allons nous en occuper successivement.

BRODERIE ANGLAISE.

Quoique ce genre de broderie ait beaucoup perdu de la vogue immense qu'elle avait il y a dix ou douze ans, elle ne sera jamais entièrement abandonnée, parce qu'elle est facile à faire et produit de jolis résultats sans exiger beaucoup de temps ni de peine. Elle est surtout d'un bel effet avec un mélange de plumetis ou de point de feston. Pour la broderie anglaise tous les motifs sont découpés au milieu et on travaille tout autour

au cordonnet. Comme pour toutes les espèces de broderie, on
commence par tracer le dessin avec le coton sur le trait dessiné
sur l'étoffe. Puis on donne un coup de ciseaux dans le milieu de
la feuille et dans le sens de la longueur; si la feuille est de
grande dimension, on coupe aussi dans la largeur de manière
que les deux coupures forment une croix. On traîne un
peu le coton le long de la tige tracée, puis on commence le
cordonnet en piquant l'aiguille dans l'ouverture pour la faire
ressortir au delà du tracé. On travaille de gauche à droite et
l'on fait le point bien égal et bien serré; en travaillant on a
soin de rentrer, avec l'aiguille, les bords de l'étoffe coupée, ce
qui fait un petit rempli en dedans et donne beaucoup de solidité
à l'ouvrage.

Fig. 6.

La figure 6 réunit quelques fractions de dessins de broderie
anglaise. Dans les garnitures on fait souvent des dents de feston

simple surmontées d'œillets en broderie anglaise, ce qui donne beaucoup de légèreté et de grâce à la bordure. Pour exécuter une suite d'œillets on fait le tracé en deux fois ; en traçant d'abord la moitié supérieure d'un œillet, puis la partie inférieure de l'autre, et faisant ainsi une ligne ondulée jusqu'au bout du dessin ; puis on revient compléter les secondes moitiés des œillets en traçant ce qui est resté vide. Cette manière est plus expéditive et produit un effet plus net que le tracé de chaque petit rond pris à part. Le tracé fini, on coupe une petite croix dans chaque œillet et l'on fait le cordonnet comme le tracé, en deux lignes ondulées ; quand la première partie est achevée, on commence la seconde. On en voit un exemple dans le motif du bas de la figure 6. Les premiers œillets sont faits à moitié. Dans la rosace du milieu de la même figure l'œillet du centre est au point de feston.

On ne fait guère la broderie anglaise que sur des étoffes un peu épaisses, telles que le nansouk, le jaconas et la percale. Elle s'emploie beaucoup et surtout mêlée à du point de feston, pour bas de jupon, robe d'enfant, bas de pantalons, garnitures de taies d'oreiller, etc.

BRODERIE EN APPLICATIONS.

Ce genre de travail a pour objet l'imitation de la dentelle en applications de point de Bruxelles, et quand elle est bien faite elle obtient en effet ce résultat. Si l'on veut faire un col ou un mouchoir, il faut choisir un beau dessin de dentelle. Les jour-

naux de dames en ont souvent d'excellents. On calque ce dessin
sur de belle mousseline suisse, puis on bâtit le morceau de
mousseline sur un morceau d'égale grandeur de tulle réseau de
Bruxelles. Les deux étoffes sont ensuite faufilées sur de la toile
cirée verte. On trace avec du coton tous les contours du dessin
en les suivant bien exactement. Après cela on travaille au cordonnet sur ces mêmes contours, en ayant soin de prendre en
même temps, avec l'aiguille, le tulle et la mousseline. Le point,
égal et serré, doit former un contour d'une régularité parfaite
et ne prendra que juste l'épaisseur du tracé ; de là dépend toute
la beauté de l'ouvrage. Quand il est terminé, on n'est encore

Fig. 7.

qu'à moitié de ses peines ; il reste à le découper, et cette opération délicate exige autant de patience que d'adresse. En effet

il s'agit, quand on a démonté sa broderie, d'enlever toutes les parties de mousseline superflues. Les fleurs et les feuilles seules doivent être mates et tout le fond rester clair. On a eu soin de donner quelques coups de ciseaux dans les endroits de la mousseline qui doivent être enlevés ; on passe la pointe des ciseaux dans ces ouvertures et l'on découpe avec la plus grande précaution pour ne pas attaquer le tulle On emploie pour cela des ciseaux très-courts (voyez fig. 7); on appuie un peu la pointe contre la mousseline et l'on suit le cordonnet en glissant légèrement entre la mousseline et le tulle. S'il y a des points à jour, on les fait alors sur le tulle. Nous en parlerons à l'article *Points à jour*. On termine souvent l'ouvrage par un feston simple; quelquefois, et pour mieux imiter la dentelle, on coud au bord un *picot* de Bruxelles.

Nous donnons un spécimen de cette broderie, fig. 8.

Fig. 8.

C'est un fragment de bordure de mouchoir.

La broderie en application s'emploie souvent à de grands ouvrages, tels que nappes d'autel, bas d'aube, voiles de fauteuils, garnitures de rideaux et de table de toilette. On se sert alors de matériaux plus solides; du nansouk, du jaconas ou de la percale sur du tulle ordinaire ou sur du gros tulle à mailles rondes, dit *tulle grec.* On prend pour le cordonnet du coton de grosseur assortie, et pour l'exécution on procède de même.

PLUMETIS.

On peut appeler le plumetis la broderie par excellence, c'est la plus belle et la plus difficile à faire dans la perfection. La mode a beau changer et inventer des points nouveaux, le plumetis reste toujours ce qu'il y a de plus recherché, de plus solide, de plus parfait dans tous les genres de broderie blanche. Les belles broderies au plumetis se font sur mousseline claire. Rien ne fait mieux valoir les pleins mats, bien en relief, et les fins déliés du plumetis que la transparence d'une belle mousseline. Il faut beaucoup d'habileté pour broder sur cette étoffe sans l'érailler, et nous conseillons aux novices dans l'art de la broderie de commencer par employer la batiste ou le nansouk.

Si l'on n'a pas acheté l'étoffe toute dessinée en bleu et qu'on veuille utiliser un des jolis dessins que donnent nos journaux de dames, il faut attacher l'étoffe dessus avec des épingles en ayant soin de ne pas la tirailler et de la poser bien en droit fil. Alors avec un crayon de mine de plomb bien taillé on suit exactement tous les contours du dessin qu'on voit à travers l'étoffe. Ceci achevé, on la détache du papier et on la faufile sur un morceau de toile cirée verte. Pour la mousseline on se sert du coton C. B. à la plume, nº 14. On commence par tracer tous les contours avec le coton à la plume, nº 10. Puis on bourre avec le même coton les feuilles et les fleurs qui doivent avoir du relief. En faisant ce travail préparatoire on observera de coucher les points dans le sens de la longueur des feuilles, et d'en mettre deux ou trois l'un sur l'autre dans le milieu et un seulement sur les côtés pour que le relief se trouve toujours au milieu de la feuille et aille en diminuant de chaque côté. Après cela on commence à broder avec le coton nº 14 et on fera les points dans le

Fig. 9.

sens de la largeur (voyez fig. 9) qui représente un bouton de rose commencé et deux autres finis. Vous lancerez un ou deux points perdus pour attacher le fil et vous ferez passer le coton au bas de la feuille que vous voulez broder, en dehors du tracé. Vous coucherez tous les points bien également à côté les uns des autres sans qu'ils empiètent les uns sur les autres, comme aussi sans laisser le moindre espace entre eux et en suivant exactement le contour tracé. Il faut finir les feuilles en diminuant insensiblement les points de longueur ; arrivé à la pointe, vous passerez l'aiguille entre la broderie et l'étoffe pour la faire sortir au bout de la feuille et couper le coton. Les tiges se font au cordonnet avec le coton fin.

POINT DE PLUME.

Cette broderie, très-belle et très-difficile à bien faire, est une variété du plumetis et se trouve souvent réunie à lui dans le même dessin. Elle s'emploie dans les motifs d'assez grande

Fig. 10.

dimension où se trouvent des divisions et dans les fleurs dont il faut marquer les différents pétales (voir la fig. 10). Dans le motif

que représente ce dessin, chaque pétale de la rose doit être
traité à part. Quand on aura tracé la fleur, il faudra lancer quelques brins de coton de chaque côté du trait qui marque le
milieu du pétale afin d'imiter le relief de la nervure; ce relief
doit se produire au milieu et laisser les parties extérieures
s'amoindrir et se réduire à la simple épaisseur du coton. Lorsque la rose est pour ainsi dire modelée par ce premier apprêt,
on brode par dessus avec le coton n° 14 en piquant le long du
trait de la nervure qui, dans cette broderie, se produit en creux
au lieu d'être en relief. Les feuilles de rosier se font de la même
manière en produisant des nervures en creux, le milieu de la

Fig. 11.

feuille en relief et les dentelures extrêmement fines. Dans un
autre genre de feuilles, comme celles disposées par trois sur la
figure 10, les nervures sont très-larges; on en suit le contour
avec le point et on les laisse libres, de sorte qu'on voit la mous-

seline au milieu de la feuille brodée dont le relief doit être bien marqué. Dans les clochettes du même dessin, la séparation du milieu n'est produite que par la division des deux rangées de points\qui se rencontrent sur la même ligne. Quelques brodeuses se servent du métier à canevas pour broder au point de plume. Quand on en a l'habitude, il est certain que ce mode de travailler rend l'exécution de la broderie plus facile, plus prompte et sur‑ tout plus régulière. Nous donnons (fig. 11) le modèle du métier. — Quand on brode au métier, il faut avoir grand soin de piquer toujours l'aiguille bien droite; sans cela il est impossible de broder régulièrement. On attache et l'on arrête le coton comme dans le plumetis.

POIS.

Quoique ce point de broderie appartienne aux deux précédents et se rencontre presque toujours dans les dessins de plumetis, nous en faisons un article spécial parce qu'il se fait d'une manière particulière. Pour qu'un pois soit joli, il faut qu'il soit parfaitement rond et bien bombé. Commencez par tracer le petit rond du pois; piquez l'aiguille au milieu, de dessous en dessus; retenez le coton avec le pouce de la main gauche; faites un petit point en prenant très-peu d'étoffe avec l'aiguille dans l'intérieur du rond, tirez l'aiguille en soutenant le coton comme pour faire un point de feston. Cela produira un point noué qui formera une épaisseur au milieu du pois. Sur ce point noué faites des points de plumetis en commençant par un point très-court, et allant en augmentant jusqu'au milieu du pois, puis diminuant jusqu'à la fin. Selon la grosseur du pois il faut 4 ou 6 points pour le recouvrir, Passez ensuite l'aiguille tout au travers entre l'étoffe et le coton, repassez-la une seconde fois et coupez le coton. Si l'étoffe n'est pas transparente et que vous ayez une série de pois à faire, vous pouvez passer en-dessous le coton d'un pois à l'autre sans couper.

POINT DE POSTE.

Le point de poste n'est qu'une manière abrégée de faire les petits pois en broderie. Quand on en a beaucoup à faire dans un dessin de plumetis, on l'emploie quelquefois. Mais le plus souvent on fait des dessins spéciaux pour le point de poste; ils ne

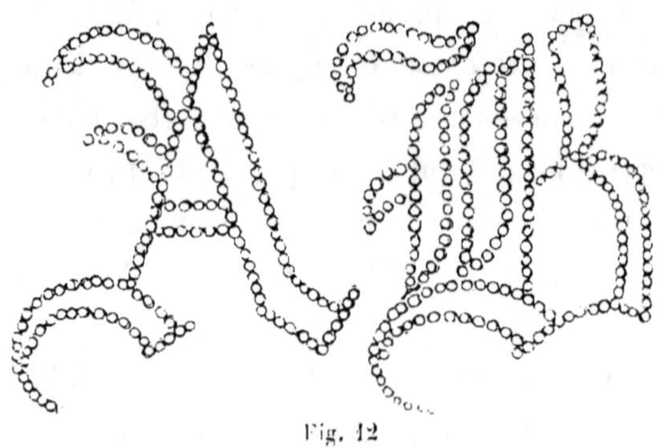

Fig. 12

sont composés que de très petits pois. On fait surtout en ce genre beaucoup de chiffres pour marquer le linge (voir fig. 12);

ce point étant beaucoup plus vite fait que le point de marque à
fils comptés. On se sert de coton C. B. n° 10. Le dessin étant
tracé sur l'étoffe, et il n'est pas nécessaire que les petits ronds
soient indiqués, un trait suffit ; on pique son aiguille de dessous
en dessus, on prend un très-petit point sur l'aiguille et on en
fait deux autres à côté, de manière à reproduire un petit pois ;
au troisième point, on pique l'aiguille plus loin, à la distance
d'un autre petit pois, et on brode de même. On suit ainsi tous
les contours du dessin. Quand ils sont bien réguliers, ces petits
pois font très-bien et se mêlent heureusement à de la broderie
au plumetis. Comme ils sont très-vite faits, on les emploie
beaucoup aux broderies d'entre-deux pour objets de lingerie et
de layette.

POINT D'ARMES, OU POINT DE SABLE.

Ce point de broderie ne s'emploie jamais seul. Il sert à donner
de la variété au plumetis et au point de plume et se retrouve
dans tous les beaux dessins de broderie. Quoiqu'il ne soit pas

Fig. 15.

très-difficile à faire, il faut cependant des soins minutieux et de
la patience pour le réussir complétement. On indique le point
d'armes dans les dessins par un pointillé (voir la fig. 15). Il sert

à diversifier les pétales des fleurs qui seraient quelquefois trop lourds au plumetis plein ; très-souvent on divise une feuille au milieu, et on brode un côté au plumetis et l'autre au point d'armes. Cela donne beaucoup de richesse et de couleur au dessin. On a nommé ce point *point d'armes,* parce qu'on l'emploie spécialement pour reproduire les armoiries et qu'il représente l'or dans les blasons. Pour l'exécuter, il faut travailler au cordonnet tous les contours qui entourent le pointillé sur le dessin, avec le coton C. B. n° 14 ; puis, dans l'espace compris entre ces contours, on fait des points *arrière,* très-petits et placés les uns à côté des autres, mais d'une manière irrégulière. On prend du coton très-fin et l'on a soin d'arrêter sous les parties mates de plumetis qui entourent ordinairement le point d'armes.

POINT A LA MINUTE.

Ce genre de broderie, qui doit son nom à la promptitude de son exécution, est une imitation, assez bonne quand elle est bien faite, de la broderie au plumetis. On ne peut toutefois entreprendre de cette manière que de petits dessins et on en trouve de spéciaux pour ce point (voir la fig. 14). Quand le dessin est tracé sur l'étoffe et celle-ci bâtie sur la toile cirée, on prend du coton C. B. *à la plume,* n° 12. Il ne faut pas tracer son dessin. On commence, je suppose, par la première petite feuille séparée en deux par un trait. On pique l'aiguille à côté du trait du milieu et au bas de la petite feuille pour la faire ressortir 2 ou 3 millimètres plus loin ; avant de la tirer, on tourne autour

d'elle le coton neuf ou dix fois, on peut aller jusqu'à douze tours
si la feuille à couvrir est longue ; on tire alors l'aiguille ainsi
chargée, en la soutenant avec le pouce de la main gauche, afin
de maintenir les tours de coton sur l'aiguille. Quand l'aiguillée
est tirée jusqu'au bout, on repique l'aiguille à l'extrémité de la

Fig. 14.

feuille. On a fait un petit point au haut du second côté de cette
feuille ; on fait 10 ou 12 tours de coton sur l'aiguille, on tire en
soutenant le coton et on repique au bas de la feuille tout contre
le point par lequel on a commencé. La feuille se trouve couverte et produit l'effet d'un plumetis fendu au milieu. On trace
le bout de la tige pour arriver à la seconde feuille qu'on fait
comme la première et ainsi de suite jusqu'au bout de la tige
que l'on cordonne en finissant. Il faut de l'habitude pour réussir
à faire ce point vite et proprement. Mêlé à du point de poste,
on fait très-promptement des cols et des manchettes sur étoffe
double, d'un fort joli effet.

POINT CHEMIN DE FER.

Voici encore un genre de broderie très-expéditif et très-facile à faire. On prend du coton 12 fils qui se vend en boules et une aiguille fine à tête longue pour pouvoir l'enfiler. Le dessin est tracé sur l'étoffe bâtie sur la toile cirée. On se sert de dessins spéciaux composés de petites feuilles fendues comme pour la broderie *à la minute* (voir fig. 15). Pour faire la fleurette qui y

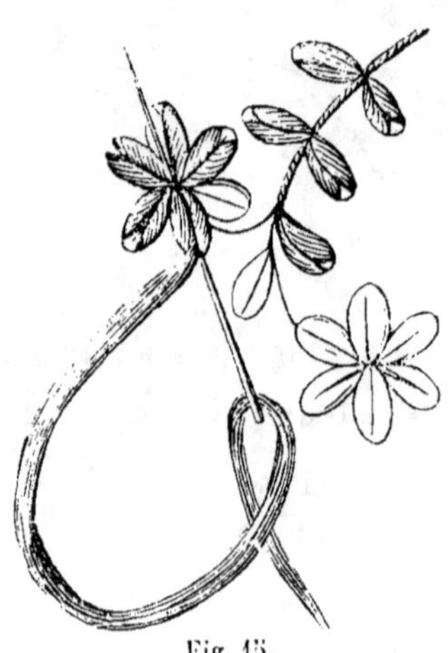

Fig. 15.

est représentée, on pique l'aiguille de dessous en dessus; on conduit le coton jusqu'au bout d'une des petites feuilles, on l'y maintient avec le pouce de la main gauche, on pique l'aiguille tout à côté du point où elle a été tirée et on la fait ressortir au bout de la feuille en dedans du coton tenu par le pouce, on tire

l'aiguille en soutenant toujours le coton jusqu'au bout de l'aiguillée. La petite feuille est alors entièrement couverte. On fait
un tout petit point au bout de la feuille en piquant l'aiguille de
dedans en dehors du coton et on la fait ressortir en passant
sous l'étoffe, à l'autre extrémité de la feuille. On recommence
par le même procédé la petite feuille d'à côté. On voit qu'il ne
faut pas tracer le dessin d'avance pour cette broderie ; s'il y a un
petit trou au milieu de la fleur, on trace et on perce le milieu
avec le poinçon, puis on cordonne tout autour avec le coton
n° 12. Toutes les tiges se cordonnent de même.

On emploie aussi pour ce point de broderie de la laine anglaise
et l'on fait de jolis dessins courants sur cachemire ou reps de
laine pour orner de petites robes d'enfant. Dans les ouvrages
de fantaisie il se fait souvent en soie floche de différentes couleurs. J'en ai vu décorer de grands rideaux de tulle, en légères
guirlandes brodées en laine de nuances variées. Pour cela, le
dessin était tracé sur du papier jaune cousu sous le tulle. On
pouvait très-bien le suivre à travers les mailles du tulle. On ne
cordonne pas les tiges en travaillant avec de la laine, un simple
tracé suffit.

POINT RUSSE.

Ce point est plutôt un simple tracé qu'une broderie proprement dite. Il se fait d'après des dessins spéciaux affectant des
combinaisons de lignes droites. On l'emploie sur toutes sortes
d'étoffe et l'on se sert de laine 2 fils ou de soie de cordonnet.
Sur étoffes blanches, toile, batiste, percale ou nansouk, on

emploie la soie et le plus souvent la soie noire qui se lave très-bien. Sur étoffes de laine on prend la laine 2 fils de couleurs variées et souvent aussi la soie. On fait ainsi de très-jolis motifs d'arabesques et de genre cachemire en nuances vives. Comme pour les autres broderies, on a le dessin tracé sur l'étoffe; on faufile celle-ci sur de la toile cirée verte, et l'on commence en piquant l'aiguille de dessous en dessus. On fait un point aussi long que le trait droit du dessin (voir la fig. 16). Arrivé au bout,

Fig. 16.

on fait un petit point arrière, puis un autre point pour recouvrir la longueur du trait suivant du dessin, et ainsi de suite en faisant toujours un point long et un point arrière. On voit que rien n'est plus simple et que ce n'est vraiment qu'un tracé. Cependant on compose pour cette broderie des dessins si compliqués, avec des lignes si bizarrement entrelacées, qu'il faut encore du temps et de la patience pour les exécuter. Pour bas de jupons et vêtements d'enfants, on mêle souvent de la bro-

derie russe en soie noire à de la soutache en coton blanc, on en
tresse de coton noir et blanc. On produit ainsi des dessins
d'un effet très-original. Presque tous les journaux de dames en
publient.

POINT MEXICO.

Ce nouveau genre de broderie se mêle presque toujours au
point russe. Il est tout aussi simple à faire. Le dessin étant tracé
sur l'étoffe, on procède ensuite, et sans tracer, à en suivre tous
les contours en faisant un point de feston (voir point de feston.
page 9) très-espacé et en piquant l'aiguille sur chacun des petits
traits verticaux du dessin (voir fig. 17). Quand ces traits man-

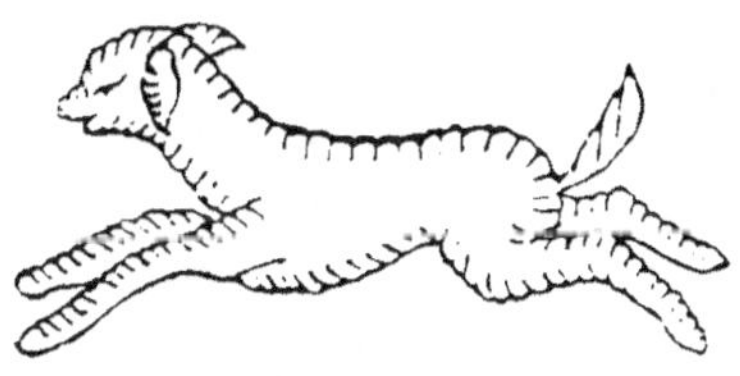

Fig. 17.

quent, on fait un tracé comme au point russe avec un point
long et un point court. Comme ce travail est d'un effet très-
léger, on s'en sert pour exécuter une foule de petits sujets pour
orner les coins de cols, de manchettes, de mouchoirs; on en
fait des dessins dans des médaillons pour bas de jupon, avec
entourage de soutache. Cette broderie se fait ordinairement en
soie noire très-fine et très-unie. Pour vêtements d'enfant, c'est
aussi une broderie légère très-convenable en ce qu'elle va vite

et se prête à toutes les combinaisons de la fantaisie. Le petit chien, dont nous donnons le dessin ornait un coin de col, avec un léger entourage au point russe; le tout exécuté au point Mexico et au point russe en soie noire sur nansouk double.

BRODERIE EN LACET OU MIGNARDISE.

Ce genre de travail, qui a été très à la mode il y a quelques années, imite l'ancienne guipure. On se sert d'un lacet de coton blanc, très-fin, ou d'une espèce de passementerie appelée *mignardise*. Le dessin (voir fig. 18) représente les différentes

Fig. 18.

courbes du lacet; en le décalquant il faut faire le double contour qui représente l'épaisseur du lacet et marquer par un trait

les endroits où le lacet passe par-dessus et par-dessous. On cal-
quera son dessin sur du papier de couleur claire qu'on collera
sur un morceau de calicot, puis on faufile le tout sur de la toile
cirée. On doit alors garnir le dessin de lacet. Pour cela on commence par le côté gauche du dessin, c'est-à-dire par le côté qui
se trouve à votre droite quand vous le tenez devant vous. On
coud le lacet sur le papier avec une aiguille à coudre et du fil de
bobine ordinaire; on suit exactement les courbes et les sinuosités
du dessin. On fait de petits points plats dont la longueur ne
doit pas excéder deux millimètres ; ces points doivent se faire
au milieu du lacet. Ainsi placés, on peut facilement étendre le
lacet et lui faire décrire toutes les ondulations du dessin. Quand
le dessin forme des angles, il faut coudre les deux bords du
lacet par un ou deux petits points, ensuite on plie le lacet et
on le retourne sur lui-même pour former l'angle aigu. On continue ainsi tout le long du premier rang du dessin, et, s'il le
permet, on rebrousse chemin pour couvrir le second rang en
travaillant de droite à gauche.

Lorsque tout le dessin est recouvert de lacet, on remplit les
intervalles par des points à jours. On commence par faire tout
le long du lacet un point qui est la base de tous les points à
jours et qui se nomme *point de Bruxelles*. On se sert de fil à dentelle très-fin n° 200 et d'une aiguille un peu grosse. On travaille
de gauche à droite. Piquez l'aiguille de dessous en dessus dans
la lisière du lacet ; tenez le fil sous le pouce de la main gauche,
piquez l'aiguille dans le lacet de dessus en dessous, passez-la
dans la boucle que forme le fil, et faites un point de feston lâche

(voir fig. 19). Continuez à garnir ainsi tout le lacet. Pour remplir les intervalles laissés vides, tendez un fil d'un bord du lacet
à l'autre en ligne droite, arrêtez, revenez sur ce fil en tournant

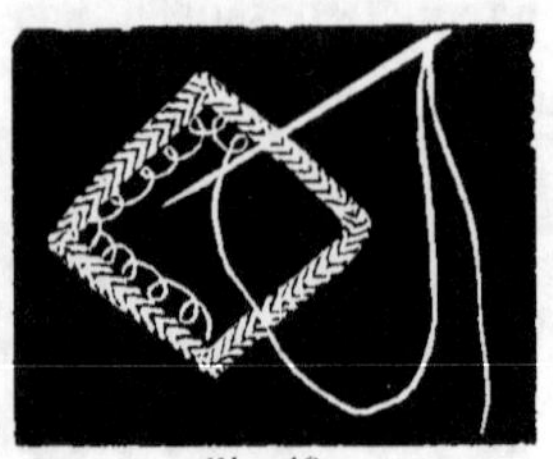

Fig. 19.

autour, c'est ce qu'on appelle faire une *barrette* : arrivé au
milieu, lancez le fil dans la direction de droite de manière à
former un angle droit avec le premier, passez ce fil dans la bouclette de point de Bruxelles et revenez en tournant autour du
fil jusqu'au point central ; recommencez la même opération jusqu'à ce que vous ayez une croix ; tournez le fil au point central
autour des quatre barrettes qui s'y rejoignent de manière à
obtenir un pois ; de ce point central, lancez un fil intermédiaire,
en passant par les bouclettes du point de Bruxelles pour obtenir l'effet du dessin nº 18. Dans ce dessin on voit une partie du
travail seulement avec le tracé en lacet, et l'autre terminée avec
les points à jours.

Quand l'ouvrage est fini, on découd le lacet du papier. On fait
ainsi des cols, des manchettes et surtout des entre-deux d'un
très-bel effet.

POINTS A JOURS OU DE DENTELLE.

Presque toutes les belles broderies au plumetis et au point de
plume sont ornées de points à jours ; ces points clairs donnent
beaucoup de légèreté et de richesse à la broderie mate du plumetis. On les fait au milieu d'une fleur, d'une feuille ou d'une
rosace brodée. On découpe l'étoffe dans les endroits où l'on
veut faire un *jour*. Pour exécuter les points de dentelle, on se
sert de coton extrêmement fin, n° 200 et même 300. L'étoffe
est tendue sur de la toile cirée verte. Nous avons dit, page 33,
que la base de presque tous les points à jours est le *point de
Bruxelles*, dont nous avons donné l'explication plus haut. On a
vu qu'il se faisait comme un point de feston lâche tout autour
du bord intérieur de l'espace à remplir.

Le *filet de Bruxelles* : est formé du point de Bruxelles qu'on
fait par rangées en allant et en revenant. Ce travail terminé ressemble à un réseau de tulle. On fait d'abord une rangée de
point de Bruxelles, puis on porte le fil de droite à gauche en
enfilant l'aiguille dans les bouclettes du tour précédent. Au bout
de ce second tour, on arrête le fil dans l'étoffe et on en recommence un autre en allant, comme au premier, de gauche à droite,
et enfilant l'aiguille dans chacune des bouclettes du second
tour. On continue ainsi jusqu'à ce que tout l'espace vide soit
rempli en arrêtant le fil à chaque tour et tendant un peu l'ouvrage.

Le *point de Venise* : On travaille de gauche à droite. Commencez comme pour le point de Bruxelles, en piquant l'aiguille dans l'étoffe de dessus en dessous ; soutenez le fil avec le pouce de la main gauche, piquez l'aiguille dans l'étoffe de dessus en dessous à 2 millimètres plus loin, passez-la en dedans du fil, tirez l'aiguillée en la soutenant toujours, piquez l'aiguille dans la bouclette que vous venez de former, faites-la sortir en dedans du fil et faites ainsi un petit point de feston sur la bride de votre premier point ; il faut faire 4 points de feston ainsi serrés l'un près de l'autre (voyez fig. 20); puis recommencer un point

Fig. 20.

de Bruxelles et 4 points de feston sur la bride. On va ainsi jusqu'au bout et on arrête le fil dans l'étoffe. Quand on veut en faire plusieurs tours, on fait le second en recommençant à gauche et en enfilant l'aiguille dans chaque bouclette comme pour le filet de Bruxelles, et en refaisant à chaque bride quatre points de feston.

Le *petit point de Venise* est semblable à celui-ci, avec cette différence qu'on ne fait qu'un point de feston sur la barrette du point de Bruxelles.

Le *point d'Angleterre* : On tend un fil d'un bord à l'autre de l'espace qu'on veut remplir ; on passe l'aiguille dans l'étoffe pour la faire ressortir 4 millimètres plus loin ; de là, on tend un second fil qui va aboutir à 4 millimètres du premier ; on continue ainsi à tendre des fils à la même distance, puis on les recroise, formant ainsi un treillis, en passant, comme pour faire une reprise, alternativement *sur* un fil et *sous* un autre. A chaque point d'intersection on fait un *pois*. Pour y arriver, quand on a attaché son fil sur l'étoffe, on enroule le brin de fil avec l'aiguille enfilée sur un des brins déjà tendu, puis on fait le pois en entourant cinq fois le pois de jonction avec le fil, et en passant toujours l'aiguille une fois *sur*, une fois *sous* les fils qu'on entoure. En passant d'une croisure à l'autre, on tourne le fil deux ou trois fois autour d'un des brins formant la croix, et on continue de même à chaque croisillon (voir la fig. 21).

Fig. 21.

Rosette de point d'Angleterre ou *roue* : Passez un fil d'un bord à l'autre du milieu de votre rond ; fixez-le par un point d'arrêt. Divisez le rond en deux parties égales de chaque côté de la ligne du milieu (voir fig. 22). Passez le fil dans l'étoffe jusqu'à l'une de ces divisions et lancez un second fil, puis un troisième de la

même manière. Vous aurez formé les six divisions de la rosette.
Revenez sur l'un des fils tendus en tortillant l'autre huit ou dix
fois autour du premier, faites un point au centre et travaillez
en tournant et en faisant passer l'aiguille alternativement *dessus*
et *dessous* les fils tendus. Répétez cela huit ou dix fois, faites

Fig. 22.

redescendre le fil en l'entrelaçant autour d'un fil tendu et arrêtez dans l'étoffe. Pour la roue on fait un point de feston sur le
bord du rond. Presque tous les points à jours sont formés des
quatre points que nous venons de décrire. On peut en diversifier les dispositions à l'infini. On trouvera l'explication du point
de *reprise,* du *point d'esprit* et de plusieurs autres dans l'article
du *filet-guipure.*

Point clair sur fils tirés : Il ne peut se faire que dans le droit
fil d'une étoffe, c'est à-dire d'une lisière à l'autre. On choisit
de bonne mousseline dont le tissu ne soit pas trop serré ; on tire
cinq fils tout le long de la mousseline, au moyen d'une aiguille
dont on insère la pointe entre deux fils. On monte l'ouvrage sur
une toile cirée verte, on se sert de fil très-fin, n° 200, et d'une
aiguille n° 8. On attache le fil dans l'étoffe et l'on passe l'aiguille
sous les fils tirés, on en prend quatre sur l'aiguille. Tirez l'ai-

guillée, soutenez-la du pouce de la main gauche, repiquez
l'aiguille au delà des quatre fils pour ressortir en deçà, tirez
l'aiguille en enveloppant ces quatre fils d'un point de feston
que vous serrez bien en appuyant contre la mousseline ; puis,
sur ces mêmes fils, passez quatre fois votre aiguille enfilée de
manière à former un seul fil tors des quatre fils tirés ; à l'autre
bord de la mousseline, reprenez quatre fils sur l'aiguille, serrez-
les dans un point de feston, remontez en les tordant en un seul
et recommencez ainsi jusqu'au bout de la bande (voyez fig. 25).

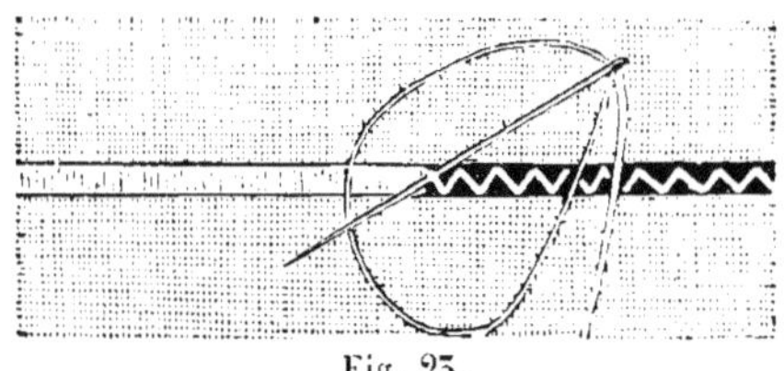

Fig. 25.

Ce point clair est facile à faire et termine très-bien une bande
festonnée avec un petit motif brodé dans chaque feston. Il forme
l'encadrement des entre-deux brodés. On s'en sert aussi pour
faire les ourlets à jour. Pour cela on commence par bâtir l'ourlet de la largeur voulue. A l'endroit où il s'arrête, on tire un
fil ou deux, puis on travaille comme nous l'avons dit plus haut,
en ayant soin de prendre à chaque point l'étoffe double de
l'ourlet, et comme on n'a tiré que deux fils et que l'espace clair
est très-étroit, on ne redescend pas le fil pour tordre les fils
tirés et faire un point de feston au bord inférieur de l'étoffe.

 Le point turc : c'est un point clair qui remplace celui sur fil

4

tiré quand on ne peut travailler en droit-fil. On se sert d'une grosse aiguille, n° 6, et de fil fin, n° 200. Au bord de l'espace qu'on veut remplir, on pique son aiguille de dessous en dessus, on prend en biais un point de la largeur de l'espace du jour, qui ne peut guère dépasser deux millimètres ; on serre bien ce point en repiquant l'aiguille dans le même trou, et comme elle est très-grosse, cela forme un jour ; on fait un second point en repiquant l'aiguille de dessus en dessous dans le petit trou supé-rieur et on ressort l'aiguille un peu plus loin du côté inférieur, et en biais pour recommencer le second point. Il faut donc tirer deux fois son aiguille pour faire un point qui produira deux petits trous, l'un en haut, l'autre en bas, séparés par un double point. On continue ainsi jusqu'au bout.

Fig. 24.

Le point d'échelle est une diversité de ces points clairs. Il doit se faire en droit fil. Si l'on opère dans un espace limité comme dans un chiffre, je suppose, on coupe les fils en haut et en bas de l'espace qu'on veut remplir de point d'échelle. On prend du fil n° 200 et une aiguille n° 8. Puis on passe l'aiguille sous quatre fils tirés, on les cordonne, on fait quelques petits points de surjet sur le bord de l'étoffe, on reprend quatre fils tirés, on les cordonne, on refait un peu de surjet et ainsi de suite jusqu'à la fin ; cela produit une sorte de petite échelle. (Voir fig. 24, le chiffre enlacé M. H.)

Point d'épine ou *point anglais*. Ce point se fait avec du cordonnet très-fin, en coton ou en soie. Il accompagne souvent les entre-deux en broderie blanche et se voit dans toutes les lingeries soignées. On suit toujours une ligne droite ou ondulée et on ne trace pas le dessin. On fait un point en biais, on repique l'aiguille dans les bas du point et l'on fait un petit point de piqûre ; on fait ensuite un point en biais vis-à-vis du premier et dans la direction opposée ; ce point doit venir rejoindre le dernier point de piqûre. On le termine lui-même par un nouveau point de piqûre et on répète sans cesse de même, en ayant soin de former les points bien régulièrement et à distances égales. (Voir fig. 25.)

Fig. 25.

Point de chainette. Il remplace le point d'épine toutes les fois que l'espace est trop étroit pour contenir ce dernier. On s'en sert aussi pour les dessins légers sur tulle ou étoffe ; il recouvre seulement les contours du dessin. On l'exécute de la même manière que le point de feston, avec cette différence qu'on travaille en *longueur* au lieu de travailler en largeur. On pique l'aiguille droit devant soi ; on soutient le fil du pouce de la main gauche, on passe l'aiguille dans la bouclette qu'il forme, on tire l'aiguillée, puis on repique dans le point qu'on vient de faire et on recommence. (Voir la fig. 26.)

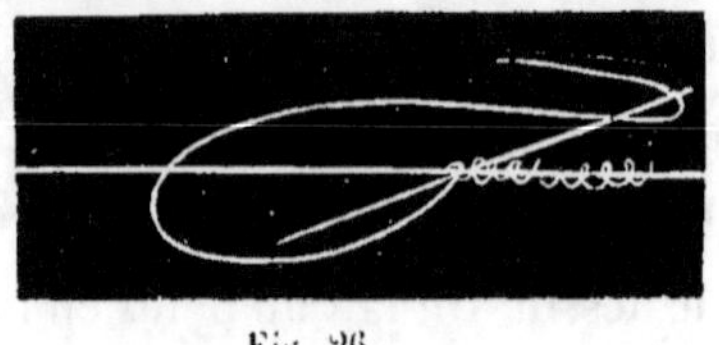

Fig. 26.

BRODERIE AU CROCHET.

Ce genre de travail est le même que celui que nos grand'mères appelaient la *broderie au tambour*. Oubliée pendant de longues années, on l'a remise au jour depuis quelque temps et l'on fait de jolis ouvrages brodés au crochet. Le petit instrument dont on se sert est un crochet d'acier de la grosseur d'une aiguille à coudre n° 6 ; il est vissé sur un manche d'ivoire ou d'ébène, long de 10 centimètres. On brode au crochet sur toute espèce d'étoffe. Il est indispensable qu'elle soit tendue sur un métier. Tracez sur l'étoffe le dessin que vous aurez choisi, comme nous l'expliquons page 54. Tenez le crochet de la main droite au-dessus du métier et la soie ou le coton dessous. Piquez le crochet dans l'étoffe et passez la soie dessus ; cela se fait avec la main gauche qui tient la soie entre le pouce et l'index tout près de l'étoffe. Une bouclette de soie étant sur le crochet, faites-le ressortir un peu plus loin par dessus, repiquez le crochet dans la bouclette que vous avez formée et recommencez un second point. Ce point ressemble tout à fait au point de chaînette. On voit par cette explication que la main droite doit toujours être *sur* le métier et la main gauche *dessous*. Dans cet ouvrage, il faut commencer par couvrir tous les contours, puis on les remplit ensuite. Avec de l'habitude, on finit par aller très-vite dans ce genre de broderie.

BRODERIE SUR TULLE.

Nous ne parlons de cette broderie que pour mémoire, car elle est tout à fait passée de mode. On s'en servait pour des cols, des voiles et des garnitures. Les dessins sont les mêmes que pour la broderie en application. On les trace sur du papier de couleur claire qu'on bâtit sous le tulle. On se sert de coton plat de deux grosseurs. Avec le plus gros on trace tout le contour du dessin. Avec le plus fin, on remplit toutes les feuilles et les pétales des fleurs, en faisant un point de reprise très-serré en passant deux fils dans chaque maille de tulle ; on passe toujours une fois *sur* et une fois *sous* chaque fil du tulle et on contrarie les points. Dans les endroits vides on fait des points à jours ; nous donnerons l'explication des principaux.

I.

BRODERIE AU PASSÉ SUR TULLE GREC.

On a repris ce genre de travail depuis peu et l'on en brode des rideaux de vitres, des voiles de fauteuils et de canapés, des dessus de tapis de table et de coussins. On se sert de gros coton plat et d'une aiguille à tête longue ; la soie floche et la laine sont aussi employées et font très-bon effet. Nous en avons vu faire des entre-deux pour robes, brodés en soie noire sur tulle de soie blanc. Ces entre-deux étaient doublés d'un ruban de taffetas de couleur.

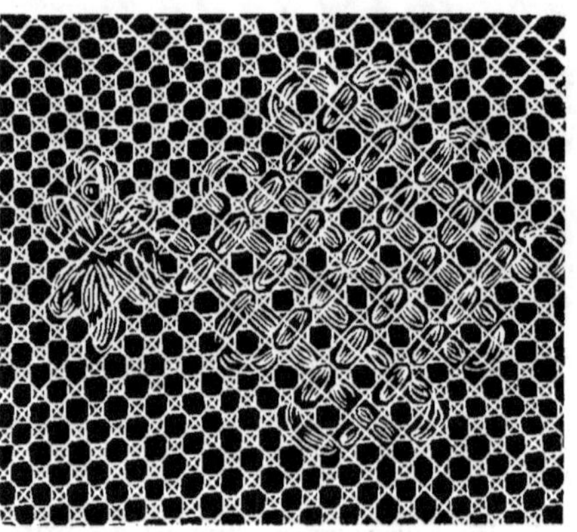

Fig. 27.

Cette broderie est un simple *passé* qu'on fait en *reprises*, c'est-à-dire qu'on passe le brin avec lequel on travaille, une fois *sur* le tulle et une fois *dessous*. (Voir la fig. 27).

POINTS DE DENTELLE SUR TULLE.

On se sert de ces points pour diversifier et pour orner non-seulement les ouvrages de broderie sur tulle, mais aussi ceux en application de mousseline sur tulle. Dans ces derniers, on découpe la mousseline dans les milieux des fleurs et des feuilles et on y fait des points de dentelle. Ils ne sont pas difficiles à faire et on peut les varier à l'infini. Nous en donnons six modèles (fig. 28), et d'après ceux-là on pourra exécuter tous les autres

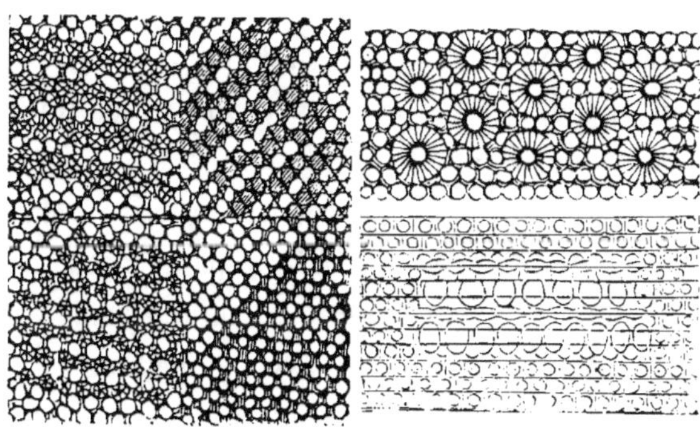

Fig. 28.

en les modifiant un peu. Pour ce genre de travail, il faut employer du tulle solide et sans apprêt, afin qu'on puisse en rapprocher les mailles sans courir le risque de les casser. On emploie du fil à dentelle n° 150 ou 200 et une aiguille n° 8. Le tulle doit être tendu sur de la toile cirée verte. Le premier des quatre petits modèles en haut et à droite représente des rangées

de petites croix qui recouvrent chacune un des trous du tulle.
On fait ainsi deux rangées de points croisés dans le droit-fil du
tulle, on laisse une rangée de trous sans les recouvrir et on
refait deux autres rangées de points croisés. On remplit ainsi
tout l'espace réservé aux jours. Dessous ce dernier, on trouve
une autre combinaison de points, consistant en une rangée de
mailles de tulle recouvertes par une croix double ; c'est-à-dire
que lorsqu'on a fait une croix sur le trou du tulle, on la recroise
dans le sens contraire. Ce point produit un relief d'un bon effet.
Le troisième jour, en haut et à gauche du premier, se fait par
trois fils lancés sur la largeur d'une maille et la hauteur de
trois, sur le droit-fil du tulle ; ces points sont contrariés. On
fait le même dessin en plus petit, en ne prenant qu'une ou deux
mailles en longueur au lieu de trois. Ce dessin servira à remplir
des espaces assez grands.

Le quatrième se fait en passant trois fils sur chacune des
brides des mailles du tulle, cela fait un point mat entre chaque
trou ; au second tour, on les contrarie. On remarquera que dans
tous ces différents points, pour passer d'une maille à l'autre, il
faut tortiller le fil sur la bride de la maille de manière à ne pas
boucher le trou du tulle, mais seulement épaissir un peu la
bride.

Le cinquième jour est composé de rangées de petites étoiles
exécutées sur trois lignes de mailles en travers fil. On passe
l'aiguille dans une maille centrale autour de laquelle on fait
rayonner des fils serrés, ainsi que l'indique notre modèle.
On fait de la même manière des œillets, en tirant le fil de

façon à élargir le trou du milieu et en rendant l'entourage
très-mince.

Le sixième jour se fait en travers fil, on travaille par rangées
de demi-croix, en serrant le fil pour agrandir les trous de la
rangée inférieure; on fait une autre rangée de demi-croix en
serrant également, et on passe le poinçon dans chaque trou pour
en augmenter la largeur.

La pratique et l'habitude rendent le travail des jours sur tulle
plus facile que toutes les explications ne pourraient faire. Il faut
essayer, et les combinaisons se formeront sous votre aiguille
d'une manière surprenante.

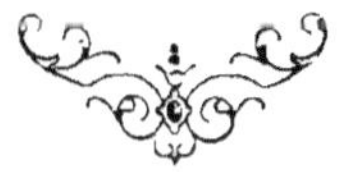

CHAPITRE II.

BRODERIES EN SOUTACHE, EN SOIE, EN CHENILLE, EN OR ET EN PERLES. — MOSAIQUE.

———

SOUTACHE.

La soutache est un lacet en coton, en laine, en soie ou en or que l'on coud à points plats sur une étoffe et dont on couvre les contours d'un dessin plus ou moins contourné et spécial à ce genre de travail. (Voyez fig. 29.)

Cet ouvrage n'est pas, à proprement parler, une broderie, mais il la remplace et l'accompagne dans beaucoup de travaux. On en orne les bas de jupons, les vêtements d'enfants, les vestes de cachemire et de drap et presque tous les ouvrages de fantaisie. Quand on n'achète pas l'objet qu'on veut soutacher, tout dessiné, une manière très-expéditive est de calquer le dessin

sur papier de soie avec un crayon de mine de plomb; puis de
bâtir ce papier dessiné sur l'étoffe, à l'endroit qu'on veut soutacher. Il faut que le papier couvre toute la partie à soutacher;
ainsi, si c'est un jupon, on doit calquer une longueur du dessin suffisante pour en faire le tour. Mais comme les dessins de
soutache ne sont ordinairement pas bien compliqués, le calque
n'est pas très-long à faire. Quand le papier de soie portant le
dessin est fixé bien juste à l'endroit nécessaire, on coud la sou-

Fig. 29.

tache dessus, en piquant bien au milieu du lacet, ganse ou mignardise dont on se sert, et ayant soin de prendre l'étoffe en
même temps que le papier. L'ouvrage achevé, on déchire ce
papier, et la soutache se trouve sur l'étoffe. Il n'est pas nécessaire
de monter cet ouvrage sur de la toile cirée; il faut seulement
prendre garde de ne pas tirer l'étoffe et de coudre la soutache
bien à plat; on la plie à angles droits dans les endroits tournant
brusquement; quand le dessin décrit des courbes, il faut presser

fortement le lacet sur le papier, en y passant la main à plusieurs reprises, jusqu'à ce que les bords du lacet y restent parfaitement appliqués d'eux-mêmes, sans le secours de la main. Dans le dessin que nous offrons comme modèle, un seul bout de soutache est employé; dans d'autres, il en faut souvent deux et quelquefois trois. On doit toujours suivre le contour du dessin, quelles que soient ses sinuosités, et ne commencer avec un autre bout de soutache que lorsque le dessin ne continue pas d'un seul trait. On commence le second trait avec un nouveau bout de soutache. Pour arrêter, il faut faire un petit trou dans l'étoffe avec le poinçon, passer le bout restant et arrêter à l'envers; puis faire passer le nouveau bout par le même trou en arrêtant par quelques points solides à l'envers.

BRODERIE EN SOIE AU PASSÉ. (Voyez fig. 30.)

Cette broderie sert d'ornement aux robes et aux mantelets de soie, de cachemire et de velours, aux vestes et aux manteaux d'enfants; on l'emploie beaucoup dans les ouvrages de fantaisie sur toute sorte d'étoffe et surtout sur peau de chevreau. Pour que cet ouvrage soit bien fait, il faut tendre l'étoffe sur un petit métier à tapisserie (voir fig. 11, page 24). Dans ce métier, les deux barres transversales sont des rouleaux qui s'ouvrent en deux; à l'intérieur se trouve une rangée de pointes de fer. On coud à chaque bout de son étoffe une bande de calico qu'on enfonce dans ces pointes, puis on referme la seconde moitié du rouleau par-dessus; si l'étoffe était trop longue pour le métier, on la roulerait autour de ce rouleau. Pour que l'étoffe soit plus tendue, on coud aussi du calicot de chaque côté, puis on passe une ficelle enfilée dans une grosse aiguille, d'un côté dans ce calicot, de l'autre autour des montants du métier ; on serre bien cette ficelle de sorte que l'étoffe est tendue également dans tous les sens.

Fig. 50.

Quand l'étoffe est tendue, il s'agit de reproduire dessus le dessin qu'on a choisi. Pour cela il faut, au moyen d'une aiguille à laquelle on a fait une tête en cire à cacheter, piquer tous les contours du dessin très exactement. Il est important que le trait soit suivi bien régulièrement ; si l'on piquait de travers, la poudre dont on se sert pour marquer le dessin, paraissant sur l'étoffe et n'étant pas recouverte par la broderie, ferait tache ; d'un autre côté, si l'on omettait quelque détail, on aurait un dessin tronqué. Quand tous les contours du dessin auront été ainsi piqués, on attachera le papier sur l'étoffe au moyen d'épingles et l'on s'assurera qu'il est bien placé et parfaitement fixé.

Pour obtenir un tracé noir sur un fond blanc ou de nuance claire, on prépare un mélange de braise de boulanger et de cendres de bois, pulvérisées et passées au tamis, de manière à devenir une poudre impalpable. On met cette poudre dans un petit pot et on y trempe une *poncette* faite avec des lisières de drap roulées fortement l'une sur l'autre.

Quand on opère sur une étoffe noire ou de nuance foncée, on se sert de poudre de riz, mêlée d'une ou deux pincées de cendres de bois.

On prend la poncette trempée dans la poudre et on la passe légèrement sur le dessin piqué. On enlève alors le papier et on trouve le dessin reproduit sur l'étoffe, mais il a besoin d'être solidifié, car un souffle le ferait disparaître. Sur un fond clair, on repasse les contours avec un crayon. Sur un fond noir, on préparera un mélange de blanc de céruse, de gomme arabique en poudre et d'un peu de sucre ; on fera bouillir le tout avec de l'eau pendant cinq minutes, en tournant avec une petite spatule de bois. On laissera refroidir, puis au moyen d'une plume neuve ou d'un pinceau très-fin, on se servira de ce mélange pour suivre tous les contours du dessin poncé sur l'étoffe.

On emploie généralement pour broder au passé, de la soie mi-torse et des aiguilles anglaises à têtes rondes.

Avant de commencer avec la soie, il faut encore *apprêter*

l'ouvrage. Cet *apprêt* consiste à lancer quelques points de coton de chaque côté du trait qui divise la feuille que l'on a à broder, afin de lui donner du relief. Ce relief doit se produire au milieu et laisser les bords s'amoindrir et se réduire à la simple épaisseur de la soie. Ces points d'apprêt doivent être bien unis et modeler pour ainsi dire la feuille, le pétale ou l'ornement qu'on doit broder, car s'ils faisaient des *bosses*, la broderie de dessus les reproduirait et l'effet serait desagréable à l'œil.

Comme pour broder au métier, il faut se servir des deux mains et piquer l'aiguille une fois par dessus, une fois par dessous, on fera bien d'avoir deux dés, un pour la main droite, l'autre pour la main gauche.

Il faut avoir soin de piquer toujours l'aiguille bien droite, soit en dessus, soit en dessous ; sans cela il est impossible d'obtenir un travail régulier. Quand l'ouvrage est bien apprêté, on commence à broder par dessus avec la soie. Le point doit se régler avec la plus grande exactitude ; on le couche légèrement pour donner plus de grâce au travail ; mais il ne faut pas abuser de cette manière de broder, car il pourrait arriver qu'au milieu d'un motif un peu large, le point deviendrait trop long et tendrait à se relever. Dans certains motifs arrondis, les points piqués très-serrés dans le milieu doivent être beaucoup plus distancés sur les bords ; on en calcule ordinairement la distance sur la largeur présumée de trois points de soie, faits droits.

Toutes les tiges se font au point de cordonnet un peu couché. Souvent au milieu des fleurs ou dans les ornements on fait des *points noués*.

POINT NOUÉ.

On pique son aiguille de dessous en dessus ; on fait une boucle avec la soie et on la tient avec le pouce de la main gauche ; on repique l'aiguille au même endroit d'où elle est sortie et on fait un petit point, on tire l'aiguille de manière à serrer la boucle, et on repique l'aiguille dans le premier trou. Cela fait un petit pois en relief très-rond. Voyez, fig. 30, page 53, le milieu de églantine et les étamines du fuchsia.

Pour arrêter la soie dans la broderie au passé, on pique en dessous son aiguille et on la conduit le plus loin possible entre l'étoffe et la broderie, puis on la fait sortir et l'on coupe la soie. En commençant une nouvelle aiguillée, on fait un nœud au bout et l'on passe deux ou trois points perdus sur une partie qui doit être recouverte par la broderie.

Avant de démonter l'ouvrage, on passe à l'envers avec un pinceau, sur la broderie, un peu de gomme arabique dissoute dans de l'eau, pour maintenir et resserrer les points, qui, n'étant plus tendus par le métier, pourraient se relâcher et se relever les uns au-dessus des autres.

Quand on veut broder sur peau de chevreau, il faut commencer par la doubler d'un morceau de calicot que l'on colle derrière avec de l'amidon cuit.

BRODERIE ORIENTALE.

Ce genre d'ouvrage, très à la mode, laisse un vaste champ à
la fantaisie. Les éléments les plus variés, comme matériaux et
comme genre de broderie, entrent dans sa composition. On y
emploie des applications de drap, de velours et de soie, formant
des combinaisons de dessins infinies et on les brode au point
Mexico, au point russe, au point lancé, au point d'épine, etc.
Ces broderies se font sur des dessins dits *orientaux,* ce qui
signifie presque toujours, bizarres et fantasques, et avec les
couleurs les plus vives. On s'en sert pour décorer les jupons de
laine de nuances grises ou fauves, des vestes, des corsages de
foulard ou de cachemire, des burnous et des robes de chambre.
Elles sont aussi d'une grande utilité dans les ouvrages de fantaisie, tels qu'écrans, étuis à cigares, sacs et corbeilles, petits
meubles en bambous, etc.

Nous donnons, fig. 31, un spécimen de broderie orientale qui
peut servir de milieu à un écran, un porte-monnaie ou un étui
à cigares. Le fond est en taffetas gris-tourterelle. Il faut monter
l'étoffe sur le petit métier à tapisserie, y tracer le dessin comme
nous l'avons expliqué à l'article *broderie au passé;* puis remplir
chacun des intervalles avec de la soie mi-torse sans mettre aucun *apprêt* dessous. Les points doivent être couchés avec une
grande régularité les uns à côté des autres, sans empiéter l'un
sur l'autre et sans laisser aucun intervalle entre eux. On pique
dessus et dessous le métier en se servant des deux mains. On

diversifie les couleurs de la soie le plus possible, employant des nuances très-vives et bien contrastées, le ponceau, le bleu azuline, le vert émeraude, l'orangé, le jaune d'or, le rouge amarante, le marron doré, le violet, le blanc et le noir. Quand tous les intervalles sont remplis, on en recouvre les contours avec du fil d'or. Pour cela, on fait un petit trou avec le poinçon dans l'étoffe au haut du dessin, on passe le bout du fil d'or et

Fig. 51.

on l'arrête à l'envers par quelques points; on roule le fil d'or sur une bobine, puis on le guide sur les contours du dessin et on l'y fixe par de très-petits points dont on l'entoure, avec de la soie jaune très-fine et une aiguille à coudre n° 9. Chaque fois qu'on doit arrêter, on fait passer le bout du fil d'or par un petit trou et on l'attache à l'envers. Comme pour la broderie au passé, on met un peu de gomme arabique fondue derrière cette broderie avant de la détendre.

La figure 52 est un modèle de broderie orientale avec applications de drap. C'est une bordure pour veste algérienne. Il n'est pas nécessaire de tendre l'étoffe sur le métier ; il suffit de la monter sur du papier un peu fort ou de la toile cirée. Le dessin piqué et poncé, comme nous l'avons indiqué page 54, on découpe dans une carte le patron de la palme, et sur ce patron on taille en drap rouge autant de palmes qu'on pense en avoir besoin pour la bordure. On place ces palmes aux endroits indi-

Fig. 52.

qués sur le dessin et on les faufile par quelques points. On fait de même pour la fleurette qu'on voit sur la palme ; on les découpe en drap blanc et on les fixe à leur place. Après quoi on fait un point de feston lâche ou point Mexico (voir page 55), avec de la soie fine, jaune d'or, tout autour de la palme, en ayant soin de prendre l'étoffe du fond avec le drap rouge. On fixe la fleurette de drap blanc par un point croisé en soie jaune et un petit point au milieu du bord extérieur de chaque pétale ;

puis on fait un point noué en soie rouge au milieu (voir point
noué, page 56). Le petit branchage qui surmonte la fleurette
dans la palme, se fait en soie vert clair au point d'épine (voir
page 43). Le motif qui s'enlace dans les palmes se fait au point
d'épine pour le milieu, en soie rouge et les petites dents de
chaque côté au point russe (voir page 51), en soie noire ; les
petites étoiles, parsemées dans le fond, sont aussi au point russe,
en soie noire. La fleurette entre les palmes se brode au passé,
en soie blanche, avec un point noué en soie verte au centre. On
pourrait aussi bien la faire en application de drap blanc comme
celle qui est dans la palme. Cet échantillon donnera une idée
du genre oriental et des nombreuses combinaisons qu'il peut
admettre.

BRODERIE EN CHENILLE.

On emploie pour ce travail de la chenille fine, appelée *chenille brodeuse*. On la trouve en nuances très-bien assorties. On
l'enfile dans une aiguille à tête longue et l'on s'en sert comme
de la soie. Il est nécessaire de tendre l'étoffe sur le métier pour
obtenir un travail bien plat, et l'on pique l'aiguille dessus et dessous. On procède comme pour la broderie au passé (voir
page 32). La broderie en chenille est surtout jolie en couleurs.
On prépare, avant de commencer à broder un bouquet, toutes
les nuances nécessaires, en les fondant le plus possible l'une
dans l'autre, alors cette broderie a tout à fait l'apparence d'une
peinture sur velours. On apprête avec du coton les reliefs du

dessin, puis on passe par-dessus avec la chenille, en faisant des points plus ou moins longs suivant les ondulations des contours. On doit, autant que possible, avoir devant les yeux un modèle colorié pour pouvoir reproduire plus facilement les dégradations des ombres et des lumières avec les nuances de la chenille. On fait aussi des broderies en chenille d'une seule couleur pour orner des vêtements de soie ; dans ce cas, on fait un dessin courant au point lancé et l'on ne met pas d'apprêt par-dessous.

BRODERIE EN OR.

Nous ne nous occuperons ici que des broderies en or faciles à faire pour des dames, et nous n'aborderons pas le métier des brodeurs de profession. Nous leur laisserons les splendides ornements d'église et les beaux uniformes qui ne sont pas du ressort des simples travaux de notre table à ouvrage.

Les broderies en or s'exécutent toujours tendues sur le métier. Le piquage et le ponçage du dessin se font comme pour la broderie au passé (voir la page 52). On se sert d'aiguilles anglaises, n° 6, à têtes rondes. Dans les endroits du dessin qui doivent avoir du relief, on fait des points avec du fil ciré en modelant bien chaque motif, puis on passe le fil d'or par-dessus en brodant comme avec la soie. On se sert quelquefois de découpes en cartes quand l'espace à recouvrir est assez grand. Alors, après avoir fait son *apprêt* en fil ciré, on pose dessus une carte découpée exactement sur le dessin et on la fait bomber sur l'apprêt où on la maintient par plusieurs points en soie. Cette fondation bien établie rend plus facile l'exécution de la broderie.

On se sert pour ce travail de plusieurs espèces de dorure ; outre le fil d'or, il y a le *cordonnet, la cannetille mate, la cannetille brillante,* le *bouillon,* les *paillettes* et la *soutache.*

La cannetille est creuse et tournée sur elle-même comme un élastique ; quand on veut l'employer, on la coupe de la longueur de chaque point qu'on a à faire. Ces points sont toujours posés droit et jamais couchés. On les fixe sur le dessin au moyen de soie jaune fine et cirée, avec laquelle on coud les brins de la cannetille les uns à côté des autres avec beaucoup de régularité. Il faut avoir soin que la soie se place bien entre les fils de la cannetille et soit aussi cachée que possible.

Souvent on recouvre les nervures des fleurs ou des feuilles avec des paillettes. On les coud avec une aiguille enfilée de soie jaune, en la passant dans le petit trou percé au milieu, et on les superpose en ligne droite.

Si la poussière s'est attachée à la broderie, il faudra bien battre le métier à l'envers, puis passer sur la broderie de la mie de pain rassis et enfin enlever avec une brosse douce tout ce qui peut s'y être attaché. Après cela on passera à l'envers de la colle faite avec de l'amidon cuit et on la laissera sécher complétement avant de détendre l'ouvrage.

MOSAÏQUE.

Ce genre d'ouvrage consiste dans la réunion de morceaux
d'étoffe de différentes couleurs et souvent de différentes formes
qu'on assemble par un point de surjet. On en fait des courtes-
pointes, des tapis, des coussins, etc. On choisit un dessin ; nous en
donnons deux en petit pour exemple fig. 33 ; on taille un patron
en carton des parties de différentes formes : il y en a trois dans
notre modèle n° 1 et deux seulement dans celui n° 2. On choisit
dans les matériaux dont on dispose les couleurs qui feront le plus
d'effet par leur rapprochement. On emploie toute sorte d'étoffe,
de soie, de fantaisie, de laine, de velours, de morceaux de
rubans ; tout est bon, même les indiennes et la perse, pourvu
que la combinaison des couleurs soit heureuse. Dans notre
modèle n° 1, il faut nécessairement que les morceaux teintés
soient foncés : noir, gros-bleu, violet, gros-vert ou marron ;
les grands carrés seront d'une couleur claire et vive : jaune,
rose, bleu-ciel, lilas ou vert d'eau ; les croix se feront en teintes
neutres : gris, feutre, sable ou granité. Le velours et les étoffes
de laine conviennent surtout pour les teintes foncées et contras-
tent bien avec la soie et le coton.

Pour faire cet ouvrage avec toute la régularité qu'il exige,
on découpera chaque morceau d'étoffe d'après le patron taillé
dans la carte, en laissant un centimètre dépasser tout autour ;

on repliera ce centimètre autour de la carte et on l'y fixera par
un bâti. Quand on aura préparé un certain nombre de morceaux
de cette manière, on les coudra ensemble à l'endroit, par un fin
surjet fait avec de la soie. Puis on débâtira le fil et on enlèvera
les cartes. De cette façon, tous les morceaux seront cousus

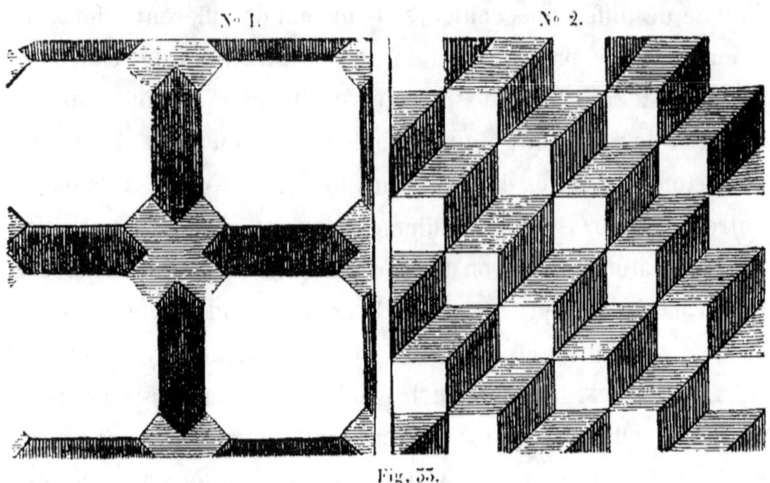

Fig. 55.

droit et sans tiraillements. On repassera l'ouvrage à l'envers
avec un fer chaud. Quand la mosaïque sert à faire une courte-
pointe, on fixe une couche de ouate entre le dessus et la doublure
de soie ou de percaline.

MOSAÏQUE EN PERLES.

Cet ouvrage ne se compose que de perles enfilées d'une certaine manière qui forment ainsi un tissu solide et brillant. On

en fait de charmants dessous de lampes et de flacons et on l'ap-
plique à beaucoup de jolis petits travaux de fantaisie. Il faut
employer de grosses perles de verre taillé, appelées *perles
rocailles;* elles ne se trouvent qu'en couleurs vives et tran-
chantes, sans nuances intermédiaires ; elles sont transparentes
et il y en a de doublées d'or ou d'acier d'un très-bel effet. Pour
faire la mosaïque, on emploie du coton à crochet très-fort et on
commence par enfiler les perles avec une aiguille à coudre ordinaire. Au bout du premier rang, on revient sur ce qu'on a fait :

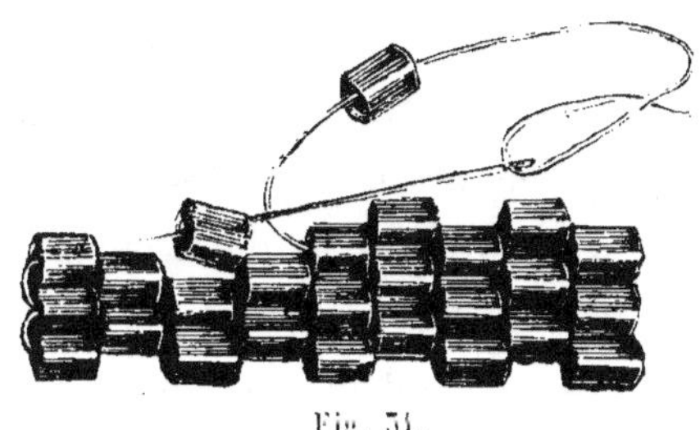

Fig. 34.

on enfile une perle, on passe la première du rang précédent,
on pique l'aiguille à travers la seconde, on enfile une perle,
on en passe une du rang précédent, on pique l'aiguille à travers
la suivante et on continue ainsi jusqu'au bout du rang. Au rang
suivant, on procède de même en remplissant les vides qui se
sont formés entre chaque perle. (Voir fig. 34.) On suit, en travaillant toujours de cette manière, toutes les combinaisons d'un
dessin, en enfilant les perles de couleurs différentes dans l'ordre
qui y est indiqué. On commence toujours l'ouvrage par le
milieu et si les bords extérieurs sont unis, on termine en rem-

plissant les intervalles sans ajouter de nouvelles perles. Les objets ronds se commencent aussi par le milieu ; quand on en a fait la moitié, on recommence pour l'autre partie en retournant l'ouvrage.

BRODERIE EN PERLES.

On brode en perles sur toute espèce d'étoffe ainsi que sur canevas. Pour cela il faut tendre l'étoffe sur le métier, y tracer le dessin choisi, et prendre de petites perles de verre, rondes et bien égales. On en trouve de mates, de transparentes et de toutes couleurs. On se sert aussi de perles d'acier, d'or et d'argent. Pour recouvrir un dessin de perles, on pique l'aiguille de dessous en dessus. Il faut du coton fin de bobine et une aiguille à coudre assez fine pour que les perles y passent. On arrête le fil par un nœud ; on enfile un nombre de perles suffisant pour couvrir la longueur du trait du dessin, puis on repique l'aiguille de dessus en dessous, pour la faire ressortir près de l'endroit où l'on a d'abord commencé ; on enfile ses perles, on repique l'aiguille et l'on procède de même jusqu'à ce que l'espace à remplir soit tout recouvert de petites rangées de perles. Les broderies en perles se font quelquefois en couleurs nuancées et quelquefois d'une seule teinte avec tiges et nervures en perles d'or ou d'acier. On les emploie avec succès dans les petits travaux de fantaisie.

Quand on brode en perles sur canevas, il faut tendre l'ouvrage sur le métier et copier un dessin de tapisserie sur papier quadrillé. On choisit les perles et le canevas bien assortis de grosseur ; il faut que la perle couvre exactement un carré de quatre fils de canevas. Le canevas Pénélope, dont les fils sont divisés par quatre, ne vaut rien pour cet ouvrage. On prend du fil assez fort ou de la soie pour enfiler les perles ; on l'arrête par un point ou deux dans le canevas ; on le tire de dessous en dessus, on enfile une perle, on la pose sur un carré de quatre fils de canevas, on pique son aiguille tout contre en prenant un fil de canevas ; on solidifie ce point en le croisant, on fait ressortir le fil pour poser une autre perle et ainsi de suite. Quelquefois on fait un sujet en tapisserie en laine ou en soie et tout le fond en perles blanches nacrées. Cela ne peut se faire que pour un objet de petite dimension. L'effet en est charmant.

CHAPITRE III.

TAPISSERIE.

Cet ouvrage, qui se fait en laine ou en soie sur du canevas de différente grosseur, est un de ceux qui plaisent le plus aux dames. Son usage s'étend à une infinité de choses utiles et agréables. On en recouvre beaucoup d'objets d'ameublement : canapés, fauteuils, chaises, tabourets, coussins ; on en fait des tapis de table, de lit, de foyer, des bordures de rideaux et de portières, des cordons de sonnette et mille petits travaux de fantaisie. Pour les ouvrages considérables, on monte le canevas sur un métier à tapisserie à pieds ; pour les autres, on les fait à la main, mais le point n'est jamais si égal, ni l'ouvrage d'un aspect si soigné. Pour tous les points de tapisserie, on se sert

de dessins coloriés sur papier quadrillé et l'on compte un carré
de canevas de quatre fils pour chaque carré sur papier. Souvent
aussi on trace le dessin sur le canevas et l'on copie une partie
échantillonnée ; cela est bon pour les dessins courants.

Le point élémentaire de la tapisserie est le *point croisé* ou
point de marque. Il consiste à recouvrir un carré de quatre fils
de canevas, de deux points formant une croix en diagonale.
Pour cela on a une aiguille à laine enfilée de laine ou de soie
floche, on pique de dessous en dessus, puis de dessus en dessous
dans le trou du canevas diagonalement opposé à celui par où
est sortie l'aiguille et deux fils plus bas ; le premier point est
fait. On fait ressortir l'aiguille deux fils plus loin à gauche, pour
la piquer en croisant le premier point en diagonale, deux fils
plus loin que l'endroit d'où l'aiguille est sortie la première fois,
Cela complète un *point croisé* (voir fig. 55).

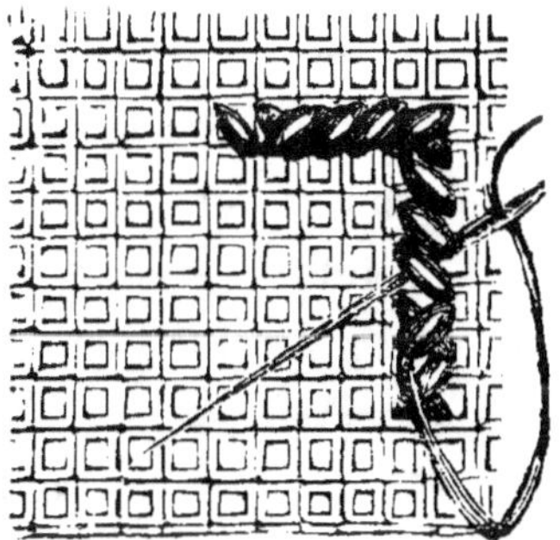

Fig. 55.

Quand on a une certaine quantité de points à faire dans la
même direction, on les exécute par moitiés. Ainsi si c'est en

6.

long, on fait tous les demi-points de dessous d'abord, et on les recouvre ensuite en remontant. Si c'est en large, on va de droite à gauche, on fait un demi-point, on le recouvre et on fait sortir l'aiguille deux fils plus loin pour refaire un nouveau point à côté et à gauche du premier. On continue ainsi toute la rangée. Ce qu'il faut surtout remarquer, c'est de toujours croiser les points dans le même sens pendant tout le cours d'un ouvrage.

Sur du canevas fin, et avec de la laine assez grosse pour bien le couvrir, on travaille souvent au demi-point. On ne fait alors qu'un point en diagonale et sans le recouvrir.

Le *petit point* se fait en ne prenant qu'un fil du canevas au lieu de deux pour un point en diagonale; il y a donc quatre petits points sur quatre fils en carré de canevas. Ce travail reproduit des dessins extrêmement fins. On l'emploie pour représenter des figures, des animaux ou des détails très-minutieux. Il se fait souvent sur écrans, portefeuille ou dessus de boîte, sur du canevas de soie qui dans ce cas sert de fond.

Le *point impérial,* qu'on appelle aussi le point *double-croix,* se fait sur huit fils de canevas au lieu de quatre; quand on a fait sur ces huit fils le point croisé ordinaire en diagonale, on refait par-dessus une seconde croix dans le droit-fil; il faut donc quatre points pour reproduire le *point impérial.* Il a beaucoup de relief et fait très-bon effet sur gros canevas, reproduisant des dessins arabesques d'un style large, avec un mélange de contours en soie d'Alger jaune d'or. On l'emploie avec succès en bandes qu'on alterne avec des bandes de velours pour meubles, portières, coffre à bois, etc.

Le *point en relief*, ou *point de fourrure* se travaille à l'aide d'un moule plat en ivoire ou en buis, long de 15 à 18 centimètres, large d'un centimètre et demi environ ; ce moule est mince et adouci d'un côté comme un coupe-papier, et de l'autre il est un peu plus épais et muni d'une rainure (voir fig. 56). Il ne faut pas tendre le canevas sur un métier ; on le tient de la main gauche avec le moule posé bien à plat, le côté mince sur le droit fil ; on travaille de gauche à droite. On tire l'aiguille de laine, on en entoure le moule, on pique l'aiguille juste au bas et on prend deux fils du canevas à gauche, puis on repique dans le même trou et l'on fait un point en diagonale sur deux fils, recroisant ainsi celui qu'on vient de faire ; on tire l'aiguillée derrière le moule, on passe la laine par-dessus pour refaire le même point et continuer ainsi jusqu'au bout du moule ; alors on le retire des bouclettes de laine, en en laissant toutefois quelques-unes dessus, et l'on recommence de même jusqu'à la fin de la ligne de canevas. Cet ouvrage se fait toujours par rangées droites. On se sert d'autant d'aiguilles qu'on a de couleurs différentes dans une ligne horizontale du dessin.

Quand on est au bout, on recommence à gauche en laissant deux fils d'intervalle entre les rangées. Avant de tirer le moule des boucles, on peut les couper avec un canif qu'on fait passer sur la rainure du moule. Quand tout l'ouvrage est fini, on tond la laine avec des ciseaux, puis on la peigne avec un peigne de fer pour en diviser les fils et la rendre douce et soyeuse comme une fourrure. On fait ainsi des tapis en laine de verts variés, parsemés de fleurettes, qui imitent un gazon émaillé de fleurs.

On représente aussi des animaux, ne faisant que leur fourrure
en relief et le reste au point croisé ordinaire, ainsi que le fond.
Comme bordure pour dessous de lampe et autres petits objets
de ce genre, le point en relief est très-employé.

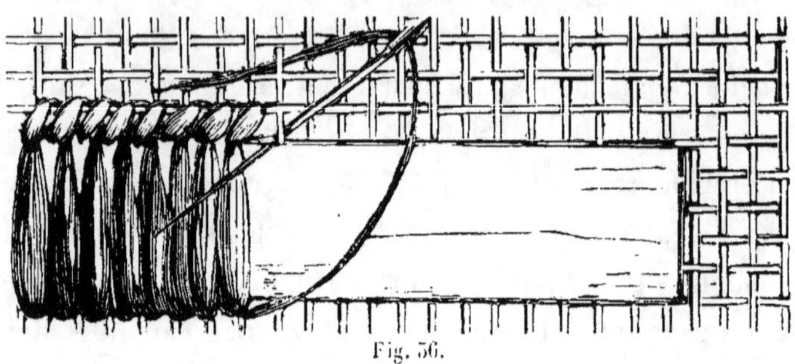

Fig. 56.

Point de velours. Ce point se fait de même que le précédent;
seulement on emploie, au lieu du moule plat, un moule rond
en ivoire ou en buis et d'une grosseur assortie à celle du canevas. Il faut qu'il recouvre entièrement un carré de quatre fils.
On travaille comme pour faire le point-fourrure en entourant le
moule avec la laine et toujours en lignes horizontales. On retire
le moule, qui laisse la laine en petites bouclettes; on peut la
laisser ainsi ou la couper et la peigner ensuite pour lui donner
l'aspect du velours. On fait ainsi des tapis et des coussins très-
chauds.

POINTS DE FANTAISIE.

On en fait des variétés innombrables et dont la description
ne pourrait trouver place dans ce traité des éléments des ou-

vrages et non de toutes leurs combinaisons. Un des plus usités est le *point de biais,* dont on se sert beaucoup pour faire des fonds en soie d'Alger. On fait un point en biais sur deux fils, puis tout à côté et dans la même direction un point de quatre fils, puis un de six fils ; on revient ensuite à un point de quatre fils, et on finit par deux fils comme on a commencé. Cela remplit un carré de six fils de canevas. Il faut recommencer par le point de deux fils sans laisser d'intervalle entre les carrés.

Point imitant la dentelle. Des dessins spéciaux se font qui imitent très-bien la dentelle noire. On l'exécute sur canevas en employant de la soie noire au lieu de laine et en faisant un point croisé pour tout le fond de dentelle et un point double-croix pour le dessin qui la décore; ce point se détache en noir mat sur le fond clair et produit l'effet de la broderie.

Fig. 37.

Point lancé sur canevas brésilien (voir fig. 37). Le canevas brésilien, qu'on appelle aussi canevas Java, est très-employé aujourd'hui dans tous les travaux de fantaisie. Il offre cet avan-

tage qu'on n'a pas besoin de faire de fond à son ouvrage. Il a
assez de soutien pour n'avoir pas besoin d'être tendu, d'ailleurs
on ne l'emploie pas pour les ouvrages de grande dimension. On
brode sur ce canevas de toute sorte de manière, outre les points
qu'on fait sur canevas ordinaire, on adopte aussi le passé, le
lancé, le point russe, le point d'épine, enfin tous les points de
fantaisie, avec une variété de matériaux, tels que la laine, la
soie, la chenille, l'or, la soutache, la paille, les lacets de velours
et d'or. Nous donnons des échantillons de différentes manières
de broder sur ce canevas. Le plus grand motif se fait en lançant
une soie cordonnet un peu forte, noire, en croix sur dix carreaux en long et en large; on la fixe au centre par un point
croisé sur quatre carreaux, en fil d'or. De chaque côté du trait
noir, on lance en biais quatre points en soie floche ponceau.
Le second motif, formant aussi une croix, a, au centre, un point
croisé sur un seul carreau, en cordonnet noir. Les quatre
feuilles qui l'entourent se font au point lancé, partant tous de
la pointe de chaque extrémité du point croisé et allant en s'élar-
gissant sur un espace de trois carreaux, comme on le voit sur
notre dessin. Ces feuilles sont en soie floche, bleu-Mexico. Le
troisième motif est une étoile à huit rayons qui se font chacun
d'un seul point (voir point chemin de fer, page 50) en soie de
cordonnet. Un point noué forme le centre (voir ce point
page 56). Deux petits motifs au point croisé, sur un seul carreau, sont en soie, recouverts d'un autre point croisé en fil
d'or.

CHAPITRE IV.

TRICOT.

Pour faire du tricot, on se sert d'aiguilles, soit en acier, soit en ivoire, soit en buis; leur grosseur dépend de la qualité du tissu qu'on veut confectionner. Les matériaux dont on forme les tissus au tricot, sont le fil, le coton, la laine et la soie.

Nous avons indiqué, à chaque ouvrage, le numéro des aiguilles et la qualité du coton ou de la laine ; on pourra se faire une idée exacte de la grosseur des aiguilles en consultant la filière représentée page suivante, fig. 38.

Dans la représentation de cette filière, les ronds noirs signifient les aiguilles d'acier, et les ronds blancs les aiguilles de buis.

La première chose à faire, en commençant un tricot, c'est de monter les mailles ; cela se fait de la manière suivante :

Tenez le brin de fil entre l'index et le doigt du milieu de la main gauche, jetez-le au-dessus du pouce et de l'index, et courbez ce dernier de manière à former une bouclette avec le fil ;

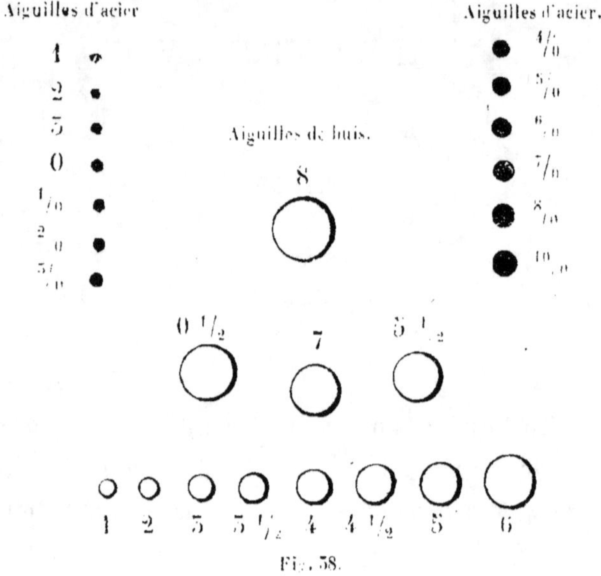

Fig. 58.

faites passer l'aiguille dans la bouclette ; tenez le coton attaché à la bobine entre l'annulaire et le petit doigt, et sur le bout de l'index ; puis, par un très-léger mouvement, passez le fil autour de l'aiguille ; abaissez l'aiguille vers vous, et serrez la bouclette sur le doigt de la main gauche, en la laissant glisser à bas de l'aiguille pour former *la première maille* (voir fig. 59).

Prenez dans la main gauche une aiguille que vous passerez

dans la bouclette, et une autre aiguille dans la main droite.
Observez la position des mains. On tient l'aiguille de la main
gauche entre le pouce et le troisième doigt, laissant ainsi l'index libre pour s'aider à faire mouvoir les pointes des aiguilles.
C'est dans cette manière de se servir de son index que consiste

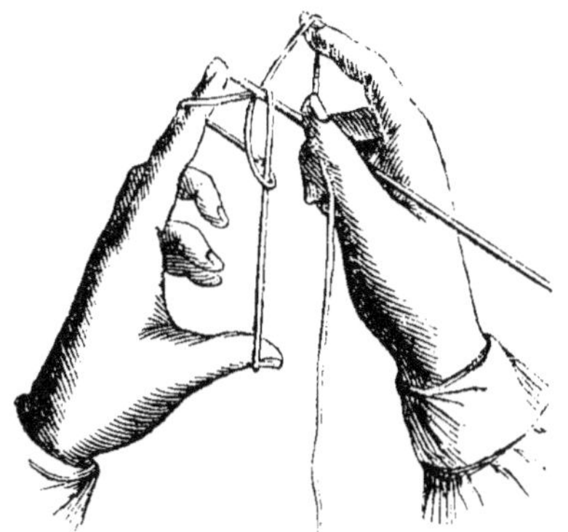

Fig. 39.

le grand secret de pouvoir tricoter sans regarder son ouvrage ;
le sens du toucher de ce doigt est si délicat, qu'il vous avertira,
après un peu d'expérience, de ce que vous avez à faire, sans le
secours de vos yeux ; le tricot devient alors un travail purement
machinal. La figure 40 représente la manière dont l'aiguille de
la main droite doit se tenir.

Insérez-en la pointe dans la bouclette, la faisant passer derrière l'autre aiguille, tournez le fil autour, ramenez la pointe de
l'aiguille de la main droite par devant, sous la maille, amenant
avec elle le brin de fil que vous avez tourné autour et qui, à son

tour, devient maille; abaissez l'aiguille de la main gauche, et passez cette maille par dessus. Vous aurez deux mailles sur

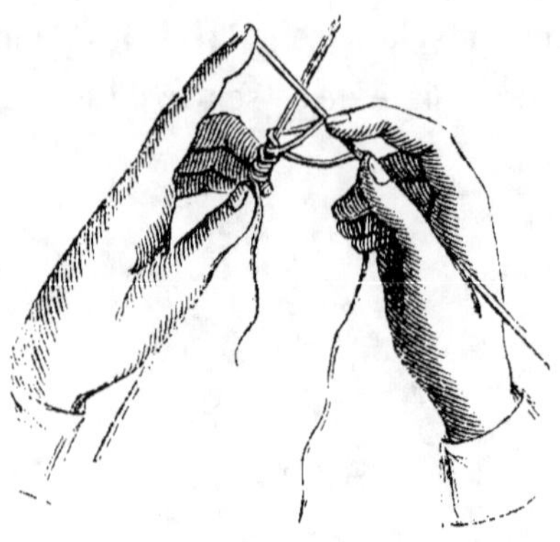

Fig. 40.

l'aiguille de la main gauche; répétez cette opération jusqu'à ce que vous ayez un nombre suffisant de mailles sur votre aiguille.

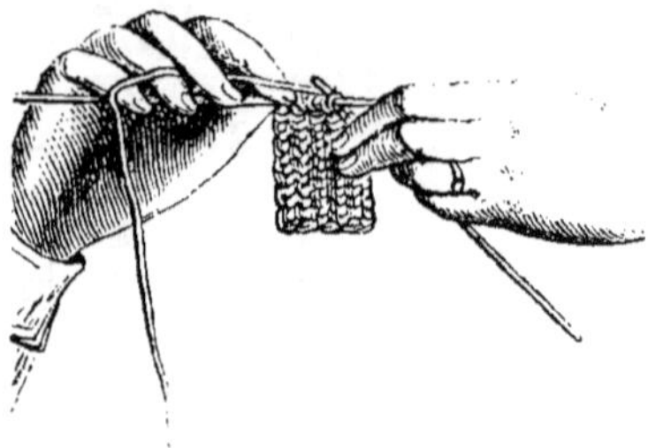

Fig. 41.

Tricot ordinaire ou *simple*, dit aussi *mailles unies* ou *à l'endroit* (voyez fig. 41). Glissez la pointe de l'aiguille de la main droite

dans la première maille de l'aiguille de la main gauche, en la
faisant passer derrière celle-ci, passez le fil par devant et, avec
l'index, poussez la pointe de l'aiguille sous la maille en formant
une nouvelle maille avec le fil que vous avez passé par devant,
ainsi que nous l'avons indiqué plus haut en vous apprenant à
monter vos mailles; seulement, au lieu de faire revenir la maille
sur l'aiguille de la main gauche, enlevez de cette aiguille la
maille où vous venez de passer la pointe de l'aiguille de la main
droite et laissez sur cette dernière la maille que vous venez de
former. Continuez de la même manière jusqu'à ce que vous
ayez repris toutes les mailles de l'aiguille de gauche et que vous
en ayez formé autant de nouvelles sur celle de droite.

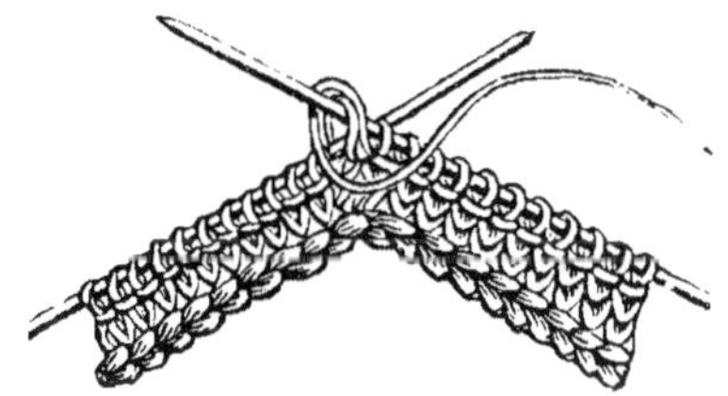

Fig. 42.

Tricot à l'envers (voyez fig. 42). On insère la pointe de l'aiguille de la main droite *devant* au lieu de derrière l'aiguille de
la main gauche; pour le reste on forme la maille de la même
manière que dans le tricot ordinaire. Avant de commencer une
maille à l'envers, on passe toujours le fil devant l'aiguille, à
moins qu'il ne soit expressément dit de ne pas le faire, et si
c'est une maille à l'endroit qui suit, on repasse le fil en arrière
après la maille à l'envers.

Mailles augmentées (voyez fig. 43). — Pour augmenter d'une maille, il suffit de jeter le fil une fois sur l'aiguille ; si l'on veut augmenter de plusieurs mailles, on jette le fil plusieurs fois.

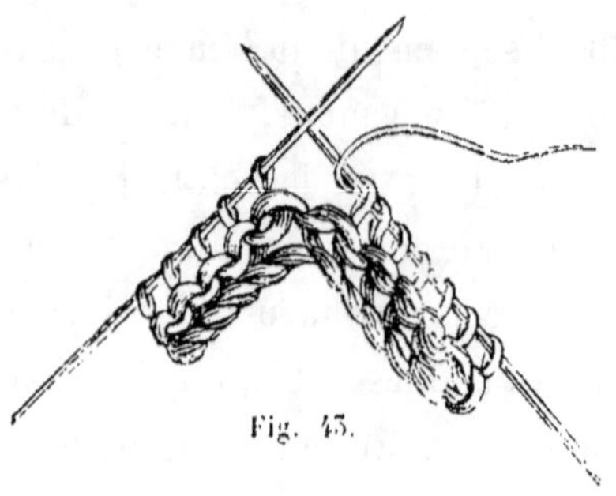

Fig. 43.

Lorsque l'on doit augmenter après avoir fait une maille à l'envers, il faut tourner le fil tout à fait autour de l'aiguille. Il en est de même lorsque la maille *qui va suivre* est à l'envers.

Mailles rétrécies (voyez fig. 44). — On peut faire les diminu-

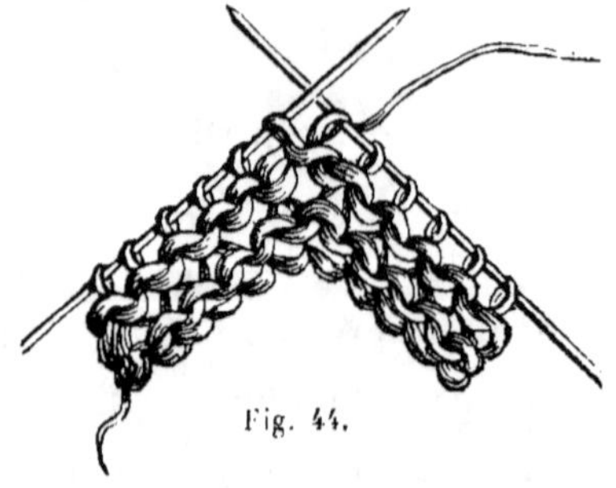

Fig. 44.

tions de deux manières : la première consiste simplement à prendre deux mailles sur l'aiguille et à les tricoter ensemble comme si elles n'en formaient qu'une seule. Cela s'appelle faire *une rétrécie*. La seconde manière est un peu plus compliquée; on prend une maille sans la tricoter, on tricote la maille suivante et on fait passer la maille non tricotée par-dessus celle tricotée. On appelle cela faire une *rétrécie surjetée; c'est ce dernier procédé que représente la gravure ci-dessus (fig. 44) :

Lorsqu'on veut diminuer deux mailles à la fois, on procède quelquefois de la manière suivante : on prend une maille sans la tricoter, on tricote ensuite deux mailles ensemble, puis on fait passer la maille non tricotée par-dessus celle rétrécie; nous avons nommé cela une *double rétrécie surjetée.*

Manière de tricoter en rond.—Pour tricoter en rond, il faut se servir de quatre ou de cinq aiguilles; c'est ainsi qu'on tricote les bas, les chaussettes, les fonds de bonnet, etc. Montez le nombre de mailles données sur une aiguille, puis passez une seconde aiguille dans la dernière maille et montez d'autres mailles sur cette aiguille; faites de même pour la troisième aiguille. Lorsque toutes vos mailles sont montées, tricotez les deux premières sur la dernière aiguille.

Manière de rabattre les mailles. — Tricotez deux mailles, et, avec l'aiguille de la main gauche, jetez la première par-dessus la seconde; tricotez encore une maille et répétez le même procédé. Observez que le dernier tour de tricot, avant de rabattre, doit se faire très-lâchement.

Relever une maille.—C'est prendre avec l'aiguille le fil qui se trouve entre deux mailles et en former une maille.

7.

TRICOT FEUILLAGE.

Aiguilles en buis n° 6 ; coton d'Écosse n° 50.

Montez un nombre de mailles divisible par 19, ajoutez 1 pour la lisière.

2 à l'endroit,* 1 augmentée, 1 rétrécie, 1 augmentée, 1 rétrécie, 1 augmentée, 3 à l'endroit, 1 double rétrécie surjetée, 3 à l'endroit, 1 augmentée, 1 rétrécie, 1 augmentée, 1 rétrécie, 1 augmentée, 1 à l'endroit. Répétez depuis * ; terminez à la fin de l'aiguille par 2 à l'endroit au lieu d'une.

2ᵉ *tour*. A l'envers.

3ᵉ *tour*. 3 à l'endroit ; * 1 augmentée, 1 rétrécie, 1 augmentée, 1 rétrécie, 1 augmentée, 2 à l'endroit, 1 double rétrécie surjetée, 2 à l'endroit, 1 augmentée, 1 rétrécie, 1 augmentée, 1 rétrécie, 1 augmentée, 3 à l'endroit. Répétez depuis *.

4ᵉ *tour*. A l'envers.

5ᵉ *tour*. 4 à l'endroit ; * 1 augmentée, 1 rétrécie, 1 augmentée, 1 rétrécie, 1 augmentée, 1 à l'endroit, 1 double rétrécie surjetée, 1 à l'endroit, 1 augmentée, 1 rétrécie, 1 augmentée, 1 rétrécie, 1 augmentée, 3 à l'endroit. Répétez depuis * ; à la fin de l'aiguille, terminez par 4 à l'endroit au lieu de 3.

6ᵉ *tour*. A l'envers.

7ᵉ *tour*. 5 à l'endroit,* 1 augmentée, 1 rétrécie, 1 augmentée, 1 rétrécie, 1 augmentée, un double rétrécie surjetée, 1 augmentée, 1 rétrécie, 1 augmentée, 1 rétrécie, 1 augmentée, 7 à l'endroit. Répétez depuis *. Terminez par 5 à l'endroit au lieu de 7.

8e *tour*. A l'envers.

9e *tour*. 1 à l'endroit, 1 rétrécie, 5 à l'endroit; * 1 augmentée, 1 rétrécie, 1 augmentée, 1 rétrécie, 1 augmentée, 1 à l'endroit, 1 augmentée, 1 rétrécie, 1 augmentée, 1 rétrécie, 1 augmentée, 5 à l'endroit, 1 double rétrécie surjetée, 5 à l'endroit. Répétez depuis *. Terminez par 1 augmentée, 3 à l'endroit, 1 rétrécie, 1 à l'endroit.

10e *tour*. A l'envers.

11e *tour*. 1 à l'endroit, 1 rétrécie, 2 à l'endroit; * 1 augmentée, 1 rétrécie, 1 augmentée, 1 rétrécie, 1 augmentée, 3 à l'endroit, 1 augmentée, 1 rétrécie, 1 augmentée, 1 rétrécie, 1 augmentée, 2 à l'endroit, 1 double rétrécie surjetée, 2 à l'endroit. Répétez depuis *. Lorsqu'il ne restera plus que 5 mailles sur l'aiguille, terminez par 1 augmentée, 2 à l'endroit, 1 rétrécie, 1 à l'endroit.

12e *tour*. A l'envers.

13e *tour*. 1 à l'endroit, 1 rétrécie, 1 à l'endroit, * 1 augmentée, 1 rétrécie, 1 augmentée, 1 rétrécie, 1 augmentée, 5 à l'endroit, 1 augmentée, 1 rétrécie, 1 augmentée, 1 rétrécie, 1 augmentée, 1 à l'endroit, 1 double rétrécie surjetée, 1 à l'endroit. Répétez depuis *. Lorsque vous n'aurez plus que 4 mailles sur l'aiguille, terminez par 1 augmentée, 1 à l'endroit, 1 rétrécie, 1 à l'endroit.

14e *tour*. A l'envers.

15e *tour*. 1 à l'endroit, 1 rétrécie, * 1 augmentée, 1 rétrécie, 1 augmentée, 1 rétrécie, 1 augmentée, 7 à l'endroit, 1 augmentée, 1 rétrécie, 1 augmentée, 1 rétrécie, 1 augmentée, 1 double rétrécie surjetée. Répétez depuis *. Lorsqu'il ne restera plus que 5 mailles sur l'aiguille, terminez par 1 augmentée, 1 rétrécie, 1 à l'endroit.

16ᵉ *tour*. A l'envers.

Recommencez au premier tour.

TRICOT FEUILLES DE ROSE.

Aiguilles en buis nᵒ 6; coton d'Écosse nᵒ 50.

Montez un nombre de mailles divisibles par 12, ajoutez 5 mailles pour les 2 lisières.

1ᵉʳ *tour. A l'endroit.* 1 maille unie, * 1 à l'envers, 1 rétrécie, 5 unies, 1 augmentée, 1 unie, 1 augmentée, 3 unies, 1 rétrécie. Répétez depuis*. Lorsque vous n'aurez plus que 7 mailles sur votre aiguille, terminez par 1 augmentée, 3 unies, 1 rétrécie, 1 à l'envers, 1 unie.

2ᵉ *tour. A l'envers.* 1 maille unie à l'envers, * 1 à l'endroit, 1 rétrécie, 2 unies, 1 augmentée, 3 unies, 1 augmentée, 2 unies, 1 rétrécie. Répétez depuis*. Terminez par 1 augmentée, 2 unies, 1 rétrécie, 1 à l'endroit, 1 unie.

5ᵉ *tour. A l'endroit.* 1 maille unie, * 1 à l'envers, 1 rétrécie, 1 unie, 1 augmentée, 5 unies, 1 augmentée, 1 unie, 1 rétrécie. Répétez depuis *. Terminez par 1 augmentée, 1 unie, 1 rétrécie, 1 à l'envers, 1 unie.

4ᵉ *tour. A l'envers.* 1 unie, 1 à l'endroit, 1 rétrécie, 1 augmentée, 7 unies, 1 augmentée, 1 rétrécie. Répétez depuis *.

Terminez par 1 augmentée, 1 rétrécie, 1 à l'endroit, 1 unie.

5e *tour.* A *l'endroit* .* 1 augmentée, 1 double rétrécie surjetée, 1 augmentée, 9 unies. Répétez depuis *. Terminez par 10 unies, 1 à l'envers, 1 unie.

6e *tour. A l'envers.* 1 augmentée, 2 unies,* 1 augmentée, 2 unies, 1 rétrécie, 1 à l'endroit, 1 rétrécie, 2 unies, 1 augmentée, 5 unies. Répétez depuis *. Terminez par 1 augmentée, 5 unies.

7e *tour. A l'endroit.* 4 unies,* 1 augmentée, 1 unie, 1 rétrécie, 1 à l'envers, 1 rétrécie, 1 unie, 1 augmentée, 5 unies, Répétez depuis *. Terminez par une augmentée, 4 unies.

8e *tour. A l'envers.* 5 mailles unies, * 1 augmentée, 1 rétrécie, 1 à l'endroit, 1 rétrécie, 1 augmentée, 7 unies. Répétez depuis *. Terminez par 1 augmentée, 5 unies.

9e *tour. A l'endroit.* 6 unies, * 1 augmentée, 1 double rétrécie surjetée, 1 augmentée, 9 unies. Répétez depuis *. Terminez par 1 augmentée, 6 unies.

Le neuvième tour fini, recommencez par le deuxième; le premier ne doit se faire que pour commencer.

Ce point est très-joli pour rideaux et courte-pointe de berceau d'enfant, voile de fauteuil, et une foule d'autres objets.

TRICOT DE BERLIN.

Aiguilles en buis n° 6; coton d'Écosse n° 50.

Montez un nombre de mailles divisibles par 4.

1er *tour.* 2 mailles unies, 1 augmentée, 1 rétrécie. Répétez. Terminez par 1 augmentée, 1 rétrécie.

2e *tour*. 2 à l'envers, 1 augmentée, 1 rétrécie à l'envers. Répétez. Terminez par une augmentée, 1 rétrécie à l'envers.

Faites 8 tours de même, 4 à l'endroit 4 à l'envers.

9e *tour*. 4 unies, * 1 augmentée, 1 rétrécie, 2 unies. Répétez depuis *. Terminez par 1 augmentée, 1 rétrécie, 2 unies.

10e *tour*. 4 à l'envers, * 1 augmentée, 1 rétrécie à l'envers, 2 à l'envers. Répétez depuis *. Terminez par 1 augmentée, 1 rétrécie à l'envers, 2 à l'envers.

Faites 8 tours de même, 4 à l'endroit et 4 à l'envers.

Recommencez par le premier tour.

Ce tricot, très-léger, est tout spécialement adapté aux rideaux et aux voiles de fauteuils.

TRICOT QUEUE DE PAON (voyez fig. 45).

Aiguilles en buis n° 4/0 ; coton d'Écosse n° 15.

Montez un nombre de mailles divisible par neuf, 9 mailles pour chaque dessin et 2 pour chaque bord. Nous n'indiquerons pas les mailles du bord qui se font unies.

1er *tour*. 2 unies, 1 augmentée, 1 unie, répétez 4 fois, 1 augmentée, 2 unies, répétez depuis le commencement.

2e *tour*. 2 à l'envers, 11 unies, 2 à l'envers. Répétez.

3e *tour*. 1 rétrécie, 11 unies, 1 rétrécie, répétez.

4e *tour*. 1 rétrécie à l'envers, 9 à l'envers, 1 rétrécie à l'envers, répétez.

5ᵉ *tour*, 1 rétrécie, 7 unies, 1 rétrécie ; répétez.

6ᵉ *tour*. Tout à l'envers.

Recommencez au premier tour.

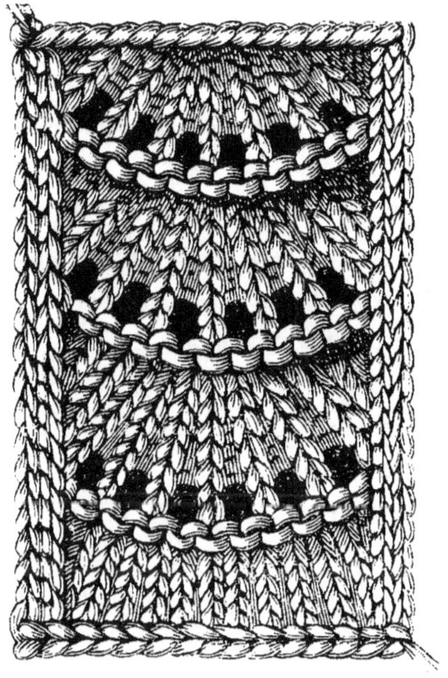

Fig. 43.

Ce point est également bien adapté pour voile de fauteuil et pour courte-pointe en laine ou en coton.

13 mailles suffisent pour la largeur d'une bande. Il en faut 166 pour un voile de fauteuil.

TRICOT POINT DE RIZ.

Aiguilles en buis n° 4/0 ; coton d'Écosse n° 15.

Montez un nombre de mailles divisibles par 6, ajoutez 3 de plus pour les deux lisières.

1er *tour*. 2 mailles unies, * 1 augmentée, 1 rétrécie surjetée, 1 unie, 1 rétrécie, 1 augmentée, 1 unie ; répétez depuis *. Terminez par 1 augmentée, 2 unies.

2e *tour*. Tout à l'envers.

3e *tour*. 3 mailles unies, * 1 augmentée, 1 double rétrécie surjetée, 1 augmentée, 3 unies. Répétez depuis * ; terminez par 1 augmentée, 3 unies.

4e *tour*. Tout à l'envers.

5e *tour*. 2 unies, 1 rétrécie, * 1 augmentée, 1 unie, 1 rétrécie surjetée, 1 unie, 1 rétrécie ; répétez depuis * ; terminez par 1 augmentée, 1 rétrécie surjetée, 2 unies.

6e *tour*. Tout à l'envers.

7e *tour*. 1 maille unie, 1 rétrécie, * 1 augmentée, 3 unies, 1 augmentée, 1 double rétrécie surjetée ; répétez depuis * ; terminez par 1 augmentée, 1 rétrécie surjetée, 1 unie.

8e *tour*. Tout à l'envers.

Recommencez par le premier tour.

Ce tricot est très-convenable pour rideaux, couverture de berceau, et beaucoup d'autres objets.

TRICOT GERBE.

Aiguilles en buis n° 6; coton d'Écosse n° 15.

Montez un nombre de mailles divisibles par 18, ajoutez 4 mailles pour les deux lisières.

1er *tour*. 2 mailles unies, 3 rétrécies à l'envers '; laissez le fil sur l'aiguille, 1 unie, passez le fil en dessus de l'aiguille avant 5 mailles que vous tricoterez à l'endroit, 6 rétrécies à l'envers; répétez depuis '; terminez par 3 rétrécies à l'envers, 2 unies.

2e *tour*. Tout à l'envers.

3e *tour*. Tout à l'endroit.

4e *tour*. Tout à l'envers.

Recommencez par le premier tour.

TRICOT ÉTOILES.

Ce point se fait ordinairement en laine avec 2 aiguilles de buis de grosseur assortie.

1er *tour*. 1 maille jetée, 3 unies; rabattez la première maille unie sur les deux autres; continuez.

2e *tour*. Tout à l'envers.

Tout l'ouvrage se fait de même. Il faut seulement avoir soin, dans les tours suivants, que la maille du milieu des trois mailles unies soit une maille jetée au tour à l'endroit, précédent. Pour

cela il faut commencer les tours à l'endroit, quelquefois par
deux, quelquefois par une maille unie. Quand on a commencé
par deux mailles unies, on finit le tour par une seule.

TRICOT NATTE.

Il faut trois aiguilles, dont l'une sert de moule. Montez 20
mailles sur une aiguille.

1er *tour*. Tout à l'endroit, en ne tricotant pas la première
maille.

2e *tour*. 4 mailles unies (en comptant celle non tricotée). Prenez les 4 mailles qui suivent sur la troisième aiguille, mettez-
les *en avant* de l'ouvrage, sans les tricoter. — 4 mailles unies.
Puis les 4 mailles sur la 3e aiguille, unies; mailles unies jusqu'à la fin du tour.

3e *tour*. Les 4 premières et les 4 dernières mailles, unies; les
12 du milieu à l'envers.

4e *tour*. Tout à l'endroit.

5e *tour*. Comme le 3e.

6e *tour*. Tout à l'endroit, 8 unies. Prenez 4 mailles
suivantes sur la 3e aiguille et mettez-les *en arrière* de l'ouvrage,
sans les tricoter.

Tricotez les 4 mailles qui suivent, puis les 4 mailles prises à
part sur la 3e aiguille, mailles unies jusqu'à la fin du tour.

7e *tour*. Comme le 3e.

8e *tour*. Tout à l'endroit.

9e *tour*. Comme le 3e.

10e *tour*. Comme le 2e, et ainsi de suite.

Ce tricot, en bandes de 20 mailles de largeur, alternées de deux couleurs, forme de très-belles courtes-pointes en laine.

POINT DE COLONNES.

Ce point peut se faire en laine ou en coton.

Montez 15 mailles pour la largeur d'une bande.

1er *tour*. 1 augmentée, 3 unies, rabattez la première sur les deux autres.

2e *tour*. 1 augmentée, 3 à l'envers, rabattez la première sur les deux autres.

POINT A JOURS OU TRICOT PRINCESSE.

Montez un nombre pair de mailles.

1er *tour*. 1 augmentée, 1 rétrécie à l'endroit.

2e *tour*. 1 augmentée, 1 rétrécie à l'envers.

Ce point, formé de jours, fait très-bon effet alterné avec des bandes de tricot natte, de tricot queue de paon ou autre point mat. On exécute ainsi non-seulement des courtes-pointes, mais des rideaux, des voiles de fauteuils, des dessus d'édredon, etc.

POINT DE SPIRALE. (Voyez fig. 46.)

Ce point se reproduit beaucoup mieux en grosse laine qu'en coton. On en fait des bandes alternativement larges et étroites.

Pour les bandes larges, montez 21 mailles, pour les bandes
étroites 15, sans compter la maille non tricotée du commencement et la maille unie du bout.

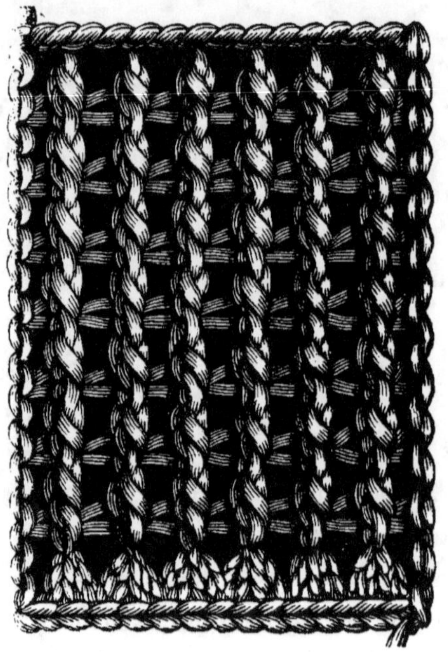

Fig. 46.

1er *tour*. Tout à l'envers en prenant toujours 5 mailles
ensemble.

2e *tour*. 1 augmentée, * 1 unie, 2 augmentées. Répétez depuis * ; terminez par 1 augmentée.

POINT NOUÉ. (Voyez fig. 47.)

Montez 11 mailles pour la largeur d'une bande.

1er *tour*. Tout à l'endroit, en passant 5 fois le fil sur l'aiguille à chaque maille.

Fig. 47.

2e *tour*. Chaque maille que vous avez sur l'aiguille se compose de trois brins de fil; tricotez le premier à l'endroit, le second à l'envers, le troisième à l'endroit. Vous aurez fait trois mailles; rabattez la seconde sur la troisième, il vous en restera deux; rabattez la première sur la seconde; vous n'en aurez plus qu'une.

Continuez de même jusqu'au bout du tour. Répétez le pre-

8.

mier, et ainsi de suite jusqu'à ce que la bande soit d'une longueur suffisante.

Ce point est très-nouveau et fait un fort joli effet en laine
10 fils. On en compose de charmantes bordures.

TRICOT DOUBLE.

Montez un nombre pair de mailles.

1er *tour*. 1 augmentée, 1 non tricotée, prise à l'envers, passez la laine en arrière, tricotez 1 maille à l'endroit en passant
deux fois la laine sur l'aiguille.

2e *tour*. 1 augmentée, prenez la double maille sans la tricoter
et comme une seule maille, passez la maille en arrière, tricotez
la maille suivante en passant deux fois la laine sur l'aiguille.

Répétez ce dernier tour seulement, en prenant toujours la
maille double sans la tricoter.

Ce tricot, forme un tissu tout à fait double, très-chaud et
doux. On peut en faire non-seulement des coussins, mais des
couvertures, des châles et des écharpes.

TRICOT ANGLAIS.

Montez un nombre de mailles divisible par trois.

1er *tour*. 1 rétrécie, 1 augmentée, 1 maille prise sans être
tricotée à l'envers.

2e *tour*. 1 rétrécie, c'est-à-dire la maille augmentée et la maille non tricotée du tour précédent tricotées ensemble, à l'envers, 1 augmentée, 1 maille non tricotée.

Répétez ces deux tours en les alternant.

TRICOT TUNISIEN.

Ce tricot offre tout à fait le même aspect que le crochet tunisien. Il est très-convenable pour coussin, on peut broder par-dessus au point de tapisserie. On ne tricote jamais la première maille.

Montez un nombre pair de mailles.

1er *tour*. Tricotez toujours deux mailles ensemble *en dedans*, c'est-à-dire en plaçant l'aiguille comme si vous alliez tricoter à l'envers et en passant le fil comme si vous tricotiez à l'endroit.

2e *tour*. Prenez chaque maille en dedans et à l'endroit sans la tricoter, et faites une augmentée, en jetant le fil autour de l'aiguille entre chaque maille.

Répétez ces deux tours en les alternant.

TRICOT POINT DE TAPISSERIE.

Ce tricot, ainsi que son nom l'indique, fait à peu près le même effet qu'un point croisé sur canevas. Il est très-joli en laine de plusieurs couleurs. On change alors de laine à tous les deux tours.

Montez un nombre impair de mailles. Pour un coussin on en monte ordinairement 91.

1er *tour*. 1 unie, passez la laine devant, 1 prise sans tricoter, à l'envers, repassez la laine en arrière, sur la maille non tricotée ; répétez, vous devez finir par 1 unie.

2e *tour*. 2 à l'envers, * passez la laine en arrière, 1 prise sans tricoter, à l'endroit, passez la laine par devant, 1 à l'envers ; répétez depuis * ; vous finirez par une maille non tricotée que vous tricoterez au tour suivant.

POINT DE BRIOCHE ALLEMAND (voyez fig. 48.)

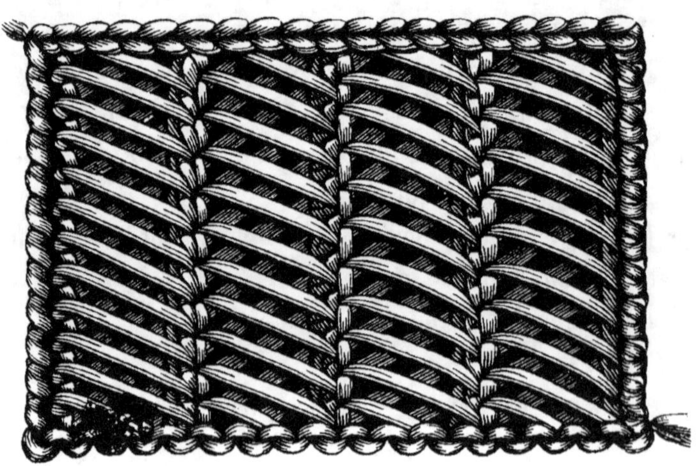

Fig. 48.

Montez un nombre pair de mailles.

1 non tricotée prise à l'envers, 1 augmentée, 1 rétrécie.

Tous les tours sont semblables. Aux tours suivants, il faut toujours prendre la maille augmentée sans la tricoter, et tricoter la maille rétrécie avec la maille non tricotée.

POINT DE BRIOCHE ORDINAIRE.

Ce point bien connu est utile pour une foule d'usages, on le reproduit généralement en laine.

Montez un nombre pair de mailles.

1 augmentée, 1 non tricotée, 1 rétrécie, répétez.

Tous les tours sont semblables.

La maille augmentée et la maille non tricotée doivent toujours se tricoter ensemble, et la maille rétrécie se prend sans être tricotée au tour suivant.

ENTRE-DEUX FORMANT GUIRLANDE DE FEUILLAGE.

Montez 28 mailles.

1ᵉʳ *tour.* 1 non tricotée, 3 unies, 1 augmentée, 1 rétrécie, 1 unie, 1 augmentée, 1 unie, 1 rétrécie, 1 à l'envers, 1 rétrécie, 1 unie, tournez deux fois le fil sur l'aiguille, 1 à l'envers, laissez le fil sur l'aiguille, 1 unie, 1 rétrécie, 1 à l'envers, 1 rétrécie, 1 unie, 1 augmentée, 3 unies, 1 augmentée, 1 rétrécie, 1 unie.

2ᵉ *tour.* 1 non tricotée, 2 unies, 1 augmentée, 1 rétrécie, 4 à l'envers, 1 à l'endroit, 3 à l'envers, 1 à l'endroit, 3 à l'envers, 1 à l'endroit, 4 à l'envers, 2 à l'endroit, 1 augmentée, 1 rétrécie, 2 à l'endroit.

3ᵉ *tour.* 1 non tricotée, 3 unies, 1 augmentée, 1 rétrécie, 1 unie, 1 augmentée, 1 unie, 1 rétrécie, 1 à l'envers, 1 rétrécie, 1 unie, 1 à l'envers, 1 unie, 1 rétrécie, 1 à l'envers, 1 rétrécie,

1 unie, 1 augmentée, 3 unies, 1 augmentée, 1 rétrécie, 1 unie.

4ᵉ *tour*. 1 non tricotée, 2 unies, 1 augmentée, 1 rétrécie, 4 à l'envers, 1 unie, 2 à l'envers, 1 unie, 2 à l'envers, 1 unie, 4 à l'envers, 2 unies, 1 augmentée, 1 rétrécie, 2 unies.

5ᵉ *tour*. 1 non tricotée, 3 unies, 1 augmentée, 1 rétrécie, 1 unie, 1 augmentée, 1 unie, 1 augmentée, 1 rétrécie, 1 à l'envers, 1 rétrécie, 1 à l'envers, 1 rétrécie, 1 à l'envers, 1 rétrécie, 1 augmentée, 1 unie, 1 augmentée, 3 unies, 1 augmentée, 1 rétrécie, 1 unie.

6ᵉ *tour*. 1 non tricotée, 2 unies, 1 augmentée, 1 rétrécie, 5 à l'envers, 1 unie, 1 à l'envers, 1 unie, 1 à l'envers, 1 unie, 5 à l'envers, 2 unies, 1 augmentée, 1 rétrécie, 2 unies.

7ᵉ *tour*. 1 non tricotée, 3 unies, 1 augmentée, 1 rétrécie, 1 unie, 1 augmentée, 3 unies, 1 augmentée, 1 double rétrécie surjetée, 1 unie, 1 double rétrécie surjetée, 1 augmentée, 3 unies, 1 augmentée, 3 unies, 1 augmentée, 1 rétrécie, 1 unie.

8ᵉ *tour*. 1 non tricotée, 2 unies, 1 augmentée, 1 rétrécie, 1 à l'envers, 1 unie, 5 à l'envers, 3 unies, 5 à l'envers, 2 unies, 1 augmentée, 1 rétrécie, 2 unies.

9ᵉ *tour*. 1 non tricotée, 3 unies, 1 augmentée, 1 rétrécie, 1 unie, 1 augmentée, 5 unies, 1 augmentée, 1 double rétrécie surjetée, 1 augmentée, 5 unies, 1 augmentée, 3 unies, 1 augmentée, 1 rétrécie, 1 unie.

10ᵉ *tour*. 1 non tricotée, 2 unies, 1 augmentée, 1 rétrécie, 17 à l'envers, 2 unies, 1 augmentée, 1 rétrécie, 2 unies.

Recommencez au premier tour.

DENTELLE AU TRICOT.

Aiguilles en acier n° 5/0 ; coton d'Écosse n° 60.

Montez 5 mailles.

1er *tour*. 2 mailles unies, 1 augmentée, 1 rétrécie, 4 augmentées, 1 unie.

2e *tour*. 2 unies, 1 à l'envers, 1 unie, 1 à l'envers, 1 unie, 1 augmentée, 1 rétrécie, 1 unie.

3e *tour*. 2 unies, 1 augmentée, 1 rétrécie, 5 unies.

4e *tour*. 6 unies, 1 augmentée, 1 rétrécie, 1 unie.

5e *tour*. 2 unies, 1 augmentée, 1 rétrécie, 5 unies.

6e *tour*. 6 unies, 1 augmentée, 1 rétrécie, 1 unie.

7e *tour*. 2 unies, 1 augmentée, 1 rétrécie, 5 unies.

8e *tour*. Rabattez 4 mailles ; 2 unies, 1 augmentée, 1 rétrécie, 1 unie.

MOUSSE TRICOTÉE.

Pour faire la mousse, on prend de la laine spéciale connue sous le nom de *laine mousse,* de plusieurs nuances de vert.

Avec cette laine et des aiguilles en acier assez fines, on tricote des bandes d'une vingtaine de points de largeur, au point de jarretière, c'est-à-dire toujours à l'endroit très-serré.

Quand on en a tricoté un bout assez long pour l'usage qu'on en veut faire, on met la bande tricotée sur un tamis qu'on place au-dessus d'un vase rempli d'eau bouillante. On laisse l'ouvrage s'imprégner de vapeur; lorsqu'il est bien humecté, on le repasse avec un fer chaud.

On coupe alors ces bandes au milieu, dans le sens de la longueur, et on détricote la laine de chaque côté. Les brins de laine, tous bouclés, représentent très-bien la mousse; ils sont retenus par la lisière du tricot.

CHAPITRE V.

CROCHET.

———

Un seul instrument sert à exécuter tous les différents points de crochet : c'est une aiguille plus ou moins grosse, dont le bout est recourbé, ainsi que son nom l'indique. Il y a des crochets en acier, en ivoire ou en os et en buis ; ceux dont on se sert pour le genre de crochet dit *tunisien* sont plus recourbés du haut, et garnis d'une boule un peu aplatie à l'extrémité opposée.

Les matériaux dont on se sert pour les ouvrages au crochet sont : le fil, le coton, la laine et la soie ; on assortit le crochet à la grosseur du fil que l'on emploie.

Nous avons indiqué, pour chaque ouvrage, le numéro du

crochet que l'on doit employer, ainsi que les matériaux dont se compose le tissu. La filière dont nous donnons ici le *fac-simile* (voir fig. 49), marque la grosseur relative de chaque numéro. Les ronds noirs désignent les crochets en acier, les ronds blancs, les crochets en os ou en buis; les plus gros sont à boules

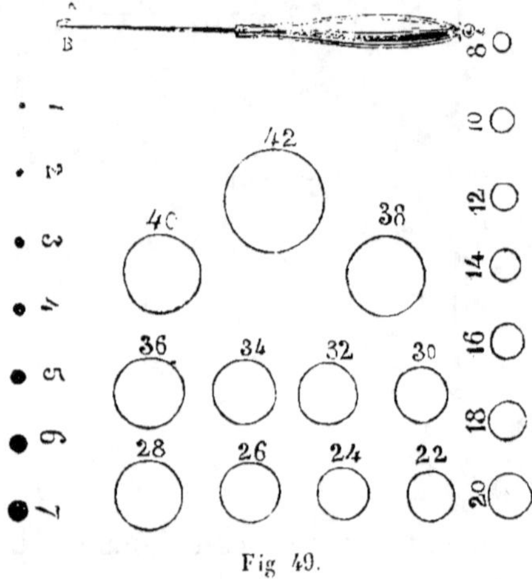

Fig 49.

et destinés au crochet tunisien. On mesure les crochets, en insérant la partie recourbée, indiquée dans notre croquis entre les lettres A et B, dans le sens de leur largeur, dans les trous de la filière que l'on découpe en carton d'après notre modèle; si l'on ne se sert pas soi-même de cette mesure, on pourra du moins se rendre compte, d'après celle que nous représentons, du numéro du crochet dont on a besoin, et se le procurer dans un magasin.

Tous les ouvrages au crochet se commencent par une chaînette plus ou moins longue de mailles, qui sert de fondation au travail ; avant d'expliquer la manière dont on monte ces mailles, disons un mot sur la façon dont on doit tenir les mains pour faire le crochet.

On prend le fil entre le pouce et l'index de la main gauche, on le passe autour de l'index, puis sous le doigt du milieu, ensuite sous l'annulaire, de manière qu'il soit maintenu légèrement par le petit doigt.

On prend le crochet entre le pouce et l'index de la main droite, de la même manière qu'on tient une plume, et l'on tourne toujours, dans le cours du travail, le crochet du côté du pouce de la main gauche, afin qu'il passe facilement dans les mailles.

Pour faire la première maille d'une chaînette, on forme une boucle avec le fil et on attire le fil à travers cette boucle au moyen du crochet, on serre de manière à former un nœud qui maintient la bouclette.

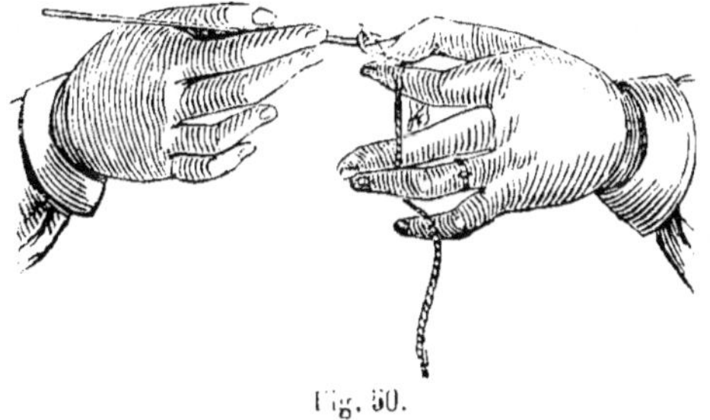

Fig. 50.

Maille chaînette ou *maille en l'air* (voyez fig. 50). Tenez le fil et le crochet ainsi que nous l'avons expliqué plus haut, passez le

crochet sous le fil, en traversant de gauche à droite, et tirez-le
avec le crochet pour le passer dans la première boucle que vous
avez sur le crochet. Répétez ce mouvement autant de fois qu'il
vous faudra de mailles chaînettes. C'est ainsi que l'on monte
une chaînette pour la fondation d'un ouvrage.

Maille simple. Votre crochet étant dans la position où il se
trouve lorsque vous venez de faire une maille chaînette, piquez-
le dans l'avant-dernière maille de la chaînette de la fondation,
passez le fil sur le crochet et attirez-le à travers cette maille ;
vous aurez deux mailles sur le crochet, attirez la première de
ces deux mailles à travers la seconde de manière à n'en avoir
plus qu'une seule sur le crochet.

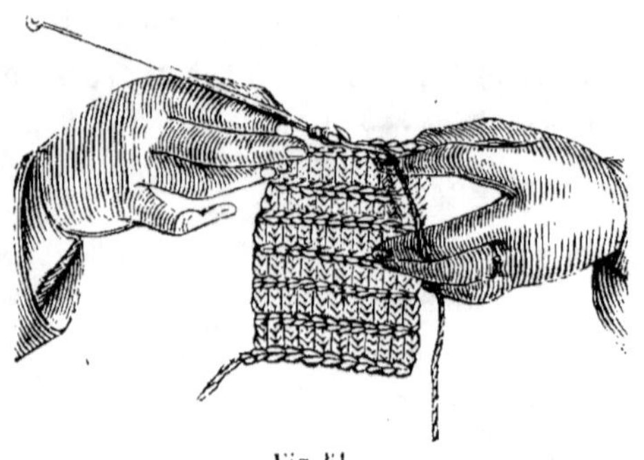

Fig. 51.

Maille double (voyez fig. 51). Commencez de même que pour la
maille simple, mais lorsque vous aurez deux mailles sur le crochet, au lieu de faire passer la première dans la seconde, passez
le fil sur votre crochet et attirez-le à travers les deux mailles à

la fois. Quelques personnes appellent la maille simple *maille-chaînette* et la maille double, *maille simple*.

Bride ou *colonne. Barrette* (voyez fig. 52). Passez le fil sur le crochet, piquez-le dans une maille du tour précédent ou de la chaînette de la fondation ; passez de nouveau le fil sur le crochet et attirez-le à travers la maille, vous aurez 3 mailles sur

Fig. 52.

le crochet ; passez encore le fil sur le crochet, et attirez-le à travers les deux premières mailles ; passez le fil une quatrième fois sur le crochet et attirez-le à travers les deux mailles qui vous restent. Cela termine une barrette ordinaire. On peut la rendre un peu plus haute en attirant le fil à travers la première maille seulement lorsqu'on en a trois sur le crochet ; pour le reste on continue de même que pour la barrette ordinaire. Nous nommerons ce second genre de barrette, *grande barrette*.

Demi-barrette. Elle se fait comme la barrette ordinaire, seulement lorsqu'on a trois mailles sur son crochet, on attire le fil avec le crochet à travers toutes les trois à la fois, ce qui rend la barrette beaucoup plus courte.

Barrette double. Commencez par passer deux fois de suite le fil sur le crochet, puis procédez comme dans la barrette ordinaire en attirant toujours le fil à travers deux mailles à la fois.

Barrette triple. Elle se fait de même que la barrette double ; seulement on commence par passer trois fois de suite le fil sur le crochet. Cette barrette, excessivement longue et peu facile à faire, s'emploie très-rarement.

Au commencement de chaque tour, dans le crochet mat ordinaire, on fait une maille chaînette, si l'on veut maintenir le même nombre de mailles dans le tour, sans cela on perdrait une maille à chaque tour. Si le tour commence par une barrette on y supplée par trois mailles chaînettes pour une barrette ordinaire, quatre pour une barrette double, et ainsi de suite.

Pour *augmenter*, on fait plusieurs mailles dans une seule (voyez fig. 53).

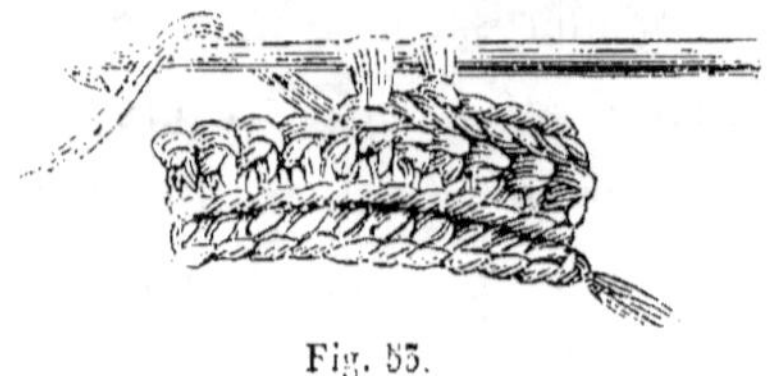

Fig. 53.

Pour *diminuer*, on passe une ou plusieurs mailles sans y piquer le crochet (voyez fig. 54).

Après avoir fait la chaînette de la fondation, on exécute le premier tour en piquant le crochet dans les mailles chaînettes. Au tour suivant, on pique *ordinairement* le crochet dans la partie des mailles qui se trouve par devant ; s'il en est autrement, cela est indiqué dans les explications.

Fig. 54.

Travailler en allant et en revenant, est une expression dont on se sert souvent dans les explications du crochet ; cela signifie que lorsqu'on a terminé un tour, on retourne l'ouvrage et l'on revient sur les mailles que l'on vient de former, sans couper le fil. Autrement, si l'on doit commencer toujours par le même bout, ainsi que cela est souvent indiqué, il faut arrêter et couper le fil à la fin de chaque tour.

Pour arrêter, on coupe d'abord son fil en laissant un bout assez long, puis on attire le fil dans la dernière maille qui reste sur le crochet, on retire celui-ci, et on serre le fil.

Pour commencer à l'autre bout de l'ouvrage, on pique le crochet dans la première maille, on attire le fil à travers cette maille, mais en ayant soin d'en laisser pendre un bout de trois à quatre centimètres de longueur, en formant la première maille ; on reprend ce petit bout en même temps que le bout opposé du fil, de manière à l'arrêter en dedans de la maille ou barrette.

Lorsqu'il s'agit de *réunir* un motif à un autre, on exécute, à l'envers de l'ouvrage, quelques mailles simples, en piquant dans la moitié seulement des mailles de la partie que l'on veut rattacher.

Pour changer de couleur dans un ouvrage, on laisse le brin de laine de la première couleur pendre derrière l'ouvrage, on termine la dernière maille avec le brin de la seconde couleur, et l'on mène le premier brin par derrière si le dessin change souvent de nuances et qu'on ne veuille pas couper le brin chaque fois.

De nouveaux termes se sont introduits depuis peu dans le crochet pour en rendre l'explication moins longue.

Un *picot* signifie la petite bouclette que l'on forme par quatre mailles en l'air en faisant une maille simple dans la première.

Un *trèfle* se compose de trois bouclettes de mailles plus ou moins longues réunies dans une seule.

Une *côte* consiste en deux tours au crochet mat, que l'on fait en piquant toujours le crochet, pour le second tour, dans la partie de derrière des mailles du premier.

Un *pois* se compose de trois ou cinq barrettes exécutées en relief en piquant dans une maille de l'avant-dernier tour de l'ouvrage.

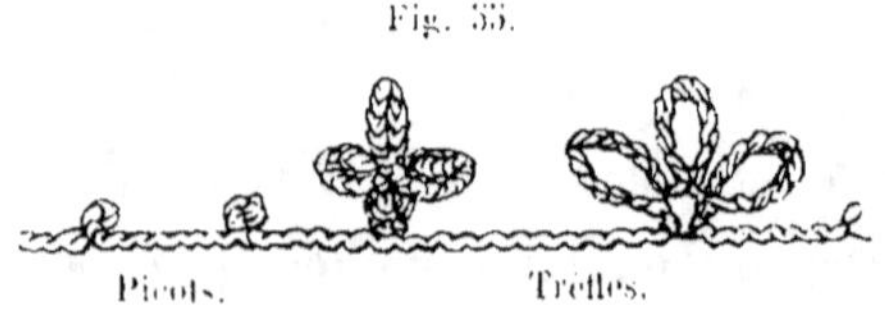

Nous donnons le dessin de deux picots (voyez fig. 55) exécutés sur une chaînette de mailles, ainsi qu'il arrive souvent dans les ouvrages au crochet ; de deux trèfles, l'un formé de trois picots séparés par des mailles chaînettes, l'autre composé de trois bouclettes ; un troisième trèfle exécuté en relief sur un carré mat

Fig. 56.

(voyez fig. 56) et formé de trois bouclettes recouvertes au crochet feston et attachées dans une seule maille. Enfin, un carré mat (voyez fig. 57) avec pois en relief, formant un dessin régulier.

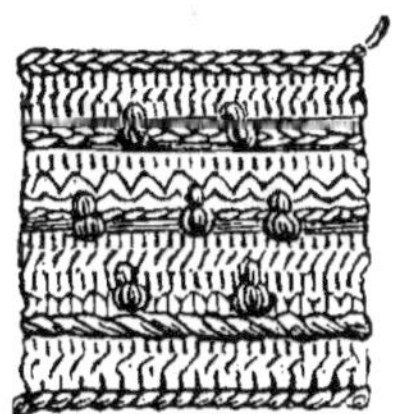

Fig. 57.

CROCHET A CÔTES.

On monte une chaînette de mailles, puis on revient sur cette chaînette en faisant une *maille double* dans chaque maille. Dans les tours suivants, on pique toujours le crochet dans la partie de derrière des mailles. Chaque côte est formée par deux tours.

CROCHET RUSSE.

Il se fait comme le crochet ordinaire ; seulement on pique toujours le crochet sous la *maille entière*, c'est-à-dire sous les deux parties de chaque maille.

CROCHET TRICOT (voyez fig. 58).

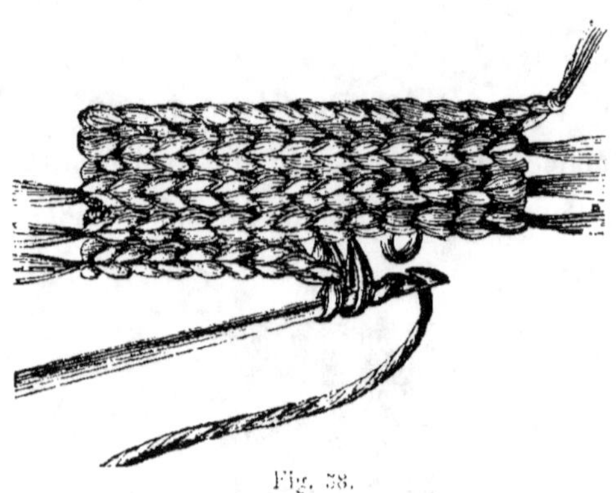

Fig. 58.

Sur la chaînette de la fondation, on fait un premier tour de mailles doubles, on arrête le fil et on le coupe. On recommence à l'autre bout du tour, on laisse entière la chaînette des mailles et l'on fait des mailles doubles en piquant toujours le crochet dans les mailles qui se trouvent derrière cette chaînette. Tous les tours se font semblables à ce dernier ; on arrête et on coupe le fil à la fin de chaque tour pour commencer toujours au même bout de l'ouvrage. Ce crochet présente tout à fait l'aspect d'un tricot.

CROCHET VAGUES.

On monte une chaînette de mailles comme pour le crochet ordinaire.

1er *tour*. 1 maille dans chacune des 6 premières mailles de la chainette ; 5 mailles dans la 7e, 1 maille dans chacune des 6 mailles suivantes ; passez 2 mailles. Répétez depuis le commencement du tour ; à la dernière répétition, pour terminer le tour, ne passez pas de mailles avant de faire les 6 dernières mailles doubles.

2e *tour*. Ce tour, ainsi que tous ceux qui suivent, est fait comme le précédent ; seulement on commence par faire, au lieu de *six*, 7 mailles doubles ; on fait 5 mailles dans celle du milieu des 5 mailles faites dans une seule du tour précédent. Dans le creux de chaque ondulation, on passe par-dessus les 2 mailles entre lesquelles on a passé 2 mailles au tour précédent. A la fin du tour on fait seulement 6 mailles ; on laisse la dernière maille afin de maintenir toujours le même nombre.

Les ondulations se font plus ou moins larges suivant le nombre de mailles unies qu'on place entre les augmentations et les diminutions.

CROCHET BOUCLÉ (voyez fig. 59).

La fondation de ce travail se compose de barrettes ; avant de terminer la barrette, et lorsqu'on n'a plus qu'à passer le crochet à travers les deux dernières boucles, on forme la bouclette sur le haut de la barrette; pour cela, on pose un moule à franges plat, en buis, au-dessous de la barrette presque terminée, on jette la laine sur le moule, d'arrière en avant, on pique le cro-

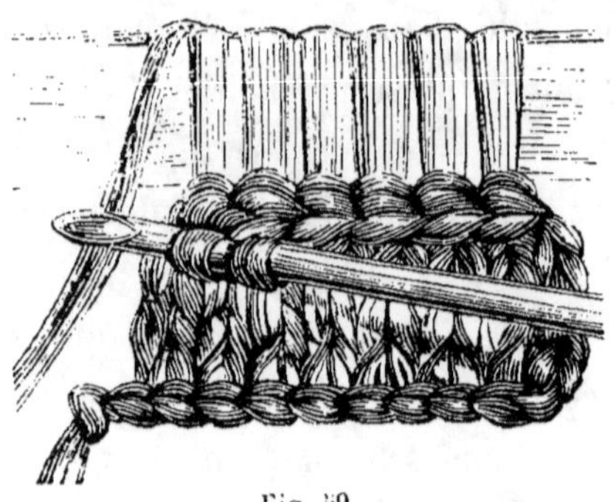

Fig. 59.

chet derrière le moule, on prend la laine avec le crochet, on l'attire à travers les deux boucles restées sur le crochet et destinées à terminer la barrette. On fait toutes les barrettes de la même manière; quand le tour est terminé, on retire le moule, on arrête et on coupe la laine, et on le rattache de l'autre côté, derrière les bouclettes; dans ce second tour ainsi que dans tous les tours suivants, on forme les barrettes en piquant entre chaque barrette du tour précédent, sous la chaînette.

On coupe la laine au bout de chaque tour, et on reprend toujours l'ouvrage, derrière les bouclettes formées dans le tour précédent; ces bouclettes se trouvent sur l'envers du travail qui en devient par conséquent l'endroit.

CROCHET FESTON (voir fig. 60).

Ce point se fait en piquant le crochet sous une chaînette de mailles, et en formant des mailles doubles très-serrées, ou bien des barrettes. Pour faire une écaille de feston, on fait souvent des mailles graduées, c'est-à-dire, maille simple, maille double, demi-barrette, barrette, barrette double en montant, puis on redescend dans les mêmes proportions en terminant par une maille simple.

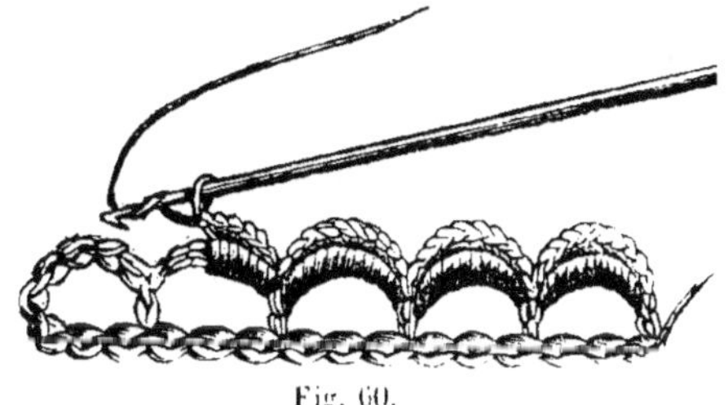

Fig. 60.

CROCHET POINT D'ÉCHELLE.

Ce crochet s'exécute sur deux moules en buis, plats et plus ou moins larges.

Après avoir fait une chaînette pour la fondation, on en tire la dernière maille de manière qu'elle devienne de la hauteur du moule ; on place le moule derrière cette longue boucle et devant le brin de laine, on attire la laine dans le haut de la boucle, par-dessus le moule qui se trouve entouré, et l'on fait

une maille simple. On laisse toujours le brin de laine derrière
le moule, on pique le crochet sans élargir la maille qui se trouve
dessus, dans la maille suivante de la chaînette du bas, on attire
une longue boucle à travers cette maille jusqu'en haut du moule
où l'on fait une maille simple comme auparavant ; on continue
de même jusqu'à la fin du tour. On laisse le moule dans les
boucles, et l'on commence le second tour, qui se fait absolument
comme le premier, sur le second moule, et en piquant le crochet dans la chaînette des mailles qui surmonte les boucles du
tour précédent. Lorsque le second tour est fini, on retire le
premier moule du premier tour, on s'en sert pour le troisième,
et ainsi de suite.

CROCHET CARRÉ.

Le crochet carré se compose de carrés mats et de carrés à
jours. Pour chaque carré mat, on fait 5 barrettes l'une à côté
de l'autre ; pour les carrés à jours, on fait une barrette, 2 mailles
chaînettes, en passant sous la maille chaînette deux mailles du
tour précédent ; lorsqu'un carré à jours succède à un carré mat,
la dernière barrette de celui-ci compte pour le premier côté du
carré à jours.

CROCHET A JOURS.

Le crochet à jours, ordinaire, se compose de carrés ouverts,
décrits plus haut ; après le premier tour, on fait des barrettes

en piquant dans les ouvertures sous les mailles chaînettes au lieu de piquer dans les mailles. On fait aussi ce point plus ouvert en augmentant le nombre des mailles chaînettes ; on passe toujours autant de mailles du tour précédent que l'on fait de mailles chaînettes.

CROCHET COQUILLES.

Ce point forme de jolies garnitures. Après avoir formé la chaînette, on fait une maille double, puis deux mailles chaînettes sous lesquelles on passe une maille ; dans la maille suivante, on fait six barrettes doubles, puis encore deux mailles chaînettes sous lesquelles on passe une maille et on répète toujours de même jusqu'au bout du tour ; en revenant, on fait une maille double en piquant le crochet dans l'ouverture sous les deux mailles chaînettes, puis une maille chaînette, on passe par-dessus tout le groupe de six barrettes doubles et l'on va piquer le crochet par derrière dans l'ouverture sous les deux mailles chaînettes suivantes. Au tour suivant on fait une maille double dans la maille chaînette qui se trouve derrière les six barrettes doubles, puis deux mailles chaînettes, ensuite six barrettes doubles dans la maille chaînette suivante, deux mailles en l'air, une maille double dans la maille chaînette suivante et ainsi de suite.

CROCHET HERMINE (voir fig. 61).

On fait une fondation au crochet carré à jours. On prépare ensuite des brins de laine blanche de 15 à 20 centimètres de

longueur, on les met deux ou trois fois doubles suivant l'épaisseur que l'on désire donner au tissu, et quelques brins de laine
noire de même longueur; ensuite on travaille par-dessus la
fondation en piquant dans l'ouverture de chaque carré. Dans
chaque ouverture on pique le crochet, sous la chaînette; on

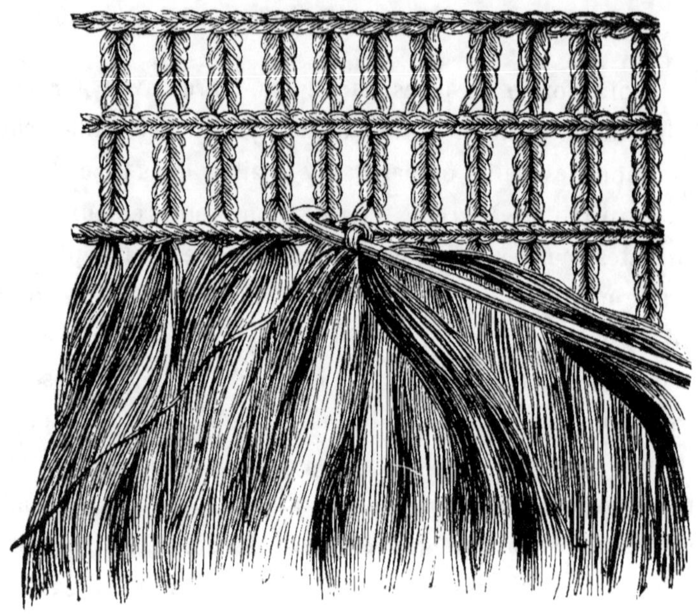

Fig. 61.

pose les brins de laine coupée, en biais sur cette chaînette on
passe le crochet sous le milieu de ces brins en même temps que
sous la laine avec laquelle on travaille, et on forme une boucle
en attirant le long bout de laine seulement, sous les brins cou-
pés, à travers l'ouverture, puis on passe la laine à travers les

deux boucles sur le crochet, et les brins de laine se trouvent attachés dans la maille. On continue de même pour tous les tours ; parmi la laine blanche, on introduit, à distances régulières, les brins de laine noire pour figurer les queues de l'hermine.

Lorsque l'ouvrage est terminé, les brins de laine doivent être peignés avec soin avec un fin peigne d'acier qui divise les brins dont la laine est composée et lui donne l'apparence d'une fourrure.

On forme ainsi de charmants tapis de pied et des bordures de coussins et de dessous de lampe.

CROCHET BOULES.

Pour former ce point, on passe d'abord le fil sur son crochet, on pique le crochet dans une maille de la chaînette, on attire le fil à travers l'ouverture, absolument comme si l'on allait faire une barrette ordinaire ; mais au lieu de terminer la barrette on passe encore deux fois le fil sur le crochet et à travers la même maille ; on a alors en tout sept boucles sur le crochet et on attire le fil à travers toutes ces boucles à la fois, puis on fait une maille chaînette, on passe une maille et on recommence.

Aux tours suivants on forme les *boules* en piquant le crochet sous l'ouverture des mailles chaînettes du tour précédent. Ce point se reproduit beaucoup mieux en grosse laine qu'en coton.

CROCHET POINT DE TAPISSERIE.

Piquez le crochet dans la seconde maille de la chaînette, tournez le fil en dessous du crochet et attirez-le dans cette maille ; vous aurez alors deux mailles sur le crochet ; tournez le fil une fois, mais en dessus du crochet, et attirez-le dans les deux mailles ; piquez dans la maille suivante, tournez le fil en dessous du crochet, attirez-le dans la maille suivante et répétez toujours de même jusqu'à la fin du tour, où vous couperez le fil. Aux tours suivants, travaillez de même, mais en piquant toujours le crochet sous les deux parties de la maille, ainsi qu'il a été expliqué dans le *crochet russe*.

CROCHET PERLES. (Voyez fig. 62.)

Lorsqu'on a terminé la chaînette de la fondation, on pique le crochet dans la seconde maille de cette chaînette et on attire le fil à travers cette maille ; on a deux boucles sur le crochet. On forme alors une chaînette de trois mailles en piquant dans la boucle formée la dernière et laissant la première sur le crochet, puis on pique le crochet, par derrière, dans l'ouverture d'où part la chaînette de trois mailles, on passe le fil sur le crochet et on l'attire à travers cette ouverture, et en même temps à travers la dernière maille de la chaînette et à travers la boucle qui se trouvait en premier lieu sur le crochet, on a ainsi formé la première *perle*, on fait une maille chaînette, sous laquelle on

passe une maille et dans la maille suivante on commence une
seconde perle. Aux tours suivants on alterne les perles en les
formant toujours dans les ouvertures du tour précédent. On

Fig. 62.

coupe et on arrête le fil au bout de chaque tour, afin de commencer toujours du même côté.

CROCHET ANANAS.

Il faut un crochet spécial pour ce point ; ce crochet est très-
long, très-évidé à sa tête et terminé par une boule.

On fait une chaînette comme pour tous les crochets.

1er *tour*. Tournez la laine trois fois autour du crochet, piquez
dans la troisième maille, tournez la laine une fois et attirez-la
dans les cinq brins de laine qui sont sur le crochet, soutenez

bien le tout entre le pouce et l'index, tirez doucement le crochet, en faissant glisser dessus les brins de laine, faites une maille chaînette. La première boule se trouve ainsi terminée. Pour la seconde boule, recommencez en tournant la laine trois fois autour du crochet, et piquez dans la deuxième maille après la deuxième boule. Toutes les boules, dites *ananas*, se font de même. A la fin du tour, arrêtez et coupez la laine.

2ᵉ *tour*. Faites une boucle et passez le crochet dedans ; piquez dans la première maille, tournez la laine une fois, attirez-la dans la maille que vous avez, tournez la laine trois fois, et piquez dans la première boucle de la boule et dans la maille qui se trouve derrière ; tournez la laine une fois, attirez-la dans les cinq brins de laine, et faites une maille chaînette comme vous avez fait au rang précédent. Continuez ainsi jusqu'à la fin en piquant toujours de boule en boule. Arrêtez et coupez la laine à la fin du tour.

3ᵉ *tour*. Comme le 2ᵉ et ainsi de suite.

CROCHET TUNISIEN. (Voyez fig. 63).

Le *crochet tunisien* est une variété du crochet qui s'exécute en laine, avec un crochet très-long, assez gros, en os, en ivoire ou en bois, et dont le bout est terminé par une boule pour empêcher les mailles que l'on retient sur le crochet, comme pour le tricot, de tomber.

On commence par une chaînette de mailles comme pour le crochet ordinaire.

1er *tour*. Piquez le crochet dans la deuxième maille chaînette, en revenant, tournez la laine autour du crochet et attirez-la à travers la maille ; vous aurez alors deux mailles sur le crochet. Piquez le crochet dans la troisième maille, tournez la laine une

Fig. 65.

fois sur le crochet, attirez-la de nouveau ; vous aurez alors trois mailles sur le crochet. Répétez le même procédé dans chaque maille de la chaînette, en retenant sur votre crochet toutes les mailles que vous formez.

2° *tour* En revenant. Tournez la laine une fois sur le crochet et attirez-la dans la boucle que vous avez sur le crochet et dans la première maille verticale ; tournez la laine encore une fois sur le crochet, et attirez-la dans la maille verticale suivante. Continuez de même jusqu'à ce qu'il ne reste plus qu'une boucle sur le crochet.

3° *tour.* Passez le crochet dans la deuxième maille verticale qui passe par-dessus le tour que vous venez de faire ; tournez la laine une fois sur le crochet et attirez-la, passez le crochet dans la maille qui suit celle que vous venez de prendre, et continuez ainsi jusqu'à ce que vous ayez relevé toutes les mailles verticales du tour, en en formant de nouvelles. Répétez alternativement ces deux derniers tours.

On voit que pour former un *tour entier* au crochet tunisien il en faut faire deux, l'un de droite à gauche pour former les bouclettes, l'autre de gauche à droite, en revenant, pour les terminer.

Pour achever un ouvrage au crochet tunisien, on *rabat* les mailles au dernier tour, de la manière suivante : Lorsqu'on a deux boucles sur le crochet, avant d'en former une troisième, on glisse la deuxième dans la première, on continue ainsi jusqu'au bout du tour et on arrête comme dans le crochet ordinaire.

Pour augmenter, on forme une nouvelle boucle sur le crochet en piquant dans la chaînette entre deux mailles verticales ; pour diminuer, on passe une maille.

On brode au point croisé sur le crochet tunisien comme sur

le canevas, et l'on peut reproduire de cette manière des dessins très-variés en laine de couleur. Nous donnons le dessin d'un carré au crochet tunisien, avec un motif brodé par-dessus au point croisé en plusieurs nuances.

On fait ordinairement le crochet tunisien par bandes ou par carrés, que l'on rapproche ensuite en les cousant par un point de surjet passé dans chaque maille.

Notre modèle représente un carré dont le fond est en laine blanche avec un motif brodé par-dessus en laine bleue de 4 nuances. Il est très-convenable pour couvertures de berceaux.

Nous ajoutons l'explication de plusieurs variétés du crochet tunisien.

CROCHET TUNISIEN A CÔTES.

Ce crochet se fait ordinairement de deux nuances, et souvent en laine blanche et en laine de couleur. On en forme de très-jolies écharpes et des cache-nez.

Avec la laine blanche formez une chaînette de mailles pour la fondation.

Faites le premier et le second tour comme pour le crochet tunisien ordinaire.

3e tour. Prenez la laine de couleur, passez-la dans la maille qui reste sur votre crochet, piquez le crochet dans la maille d'où sort la laine blanche, tournez la laine une fois dessus et attirez-la dans les deux mailles que vous avez sur le crochet, piquez le crochet dans la maille qui suit celle verticale, tournez la laine une fois sur le crochet et attirez-la encore dans les deux mailles que vous avez sur le crochet, piquez encore dans la maille qui suit celle verticale et ainsi de suite. Continuez de même jusqu'à la fin du tour. Arrêtez et coupez votre laine.

4e tour. Reprenez la laine blanche, piquez le crochet dans la première maille de derrière, tournez la laine une fois sur le crochet et attirez-la, piquez le crochet dans la maille suivante, tournez la laine une fois sur le crochet et attirez-la, vous aurez deux mailles sur le crochet. Continuez de même en relevant toutes les mailles sur le crochet.

CROCHET TUNISIEN A JOURS.

1er et 2e tours. Comme le crochet tunisien ordinaire.

3e tour. Au lieu de piquer le crochet dans les mailles verticales, piquez-le toujours dans la partie de derrière des mailles chaînettes qui se trouve sur le dessus du tour précédent, attirez la laine à travers chacune de ces mailles et gardez toutes les boucles sur le crochet.

4e tour. Comme le 2e tour du crochet tunisien ordinaire.

Répétez alternativement ces deux derniers tours.

CROCHET TUNISIEN IMITANT LE TRICOT.

1er et 2e tours. Comme le crochet tunisien ordinaire.

3e tour. Piquez le crochet sous chaque maille verticale, à tra-

vers l'ouvrage, attirez la laine et gardez toutes les boucles ainsi
formées sur votre crochet.

4e *tour*. Comme le 2e tour du crochet tunisien ordinaire.

Répétez alternativement ces deux derniers tours.

POINT JETÉ. (Voyez fig. 64.)

1er *et* 2e *tours*. Comme le crochet tunisien ordinaire.

3e *tour*. Piquez toujours le crochet sous la chaînette du tour
précédent dans chaque vide entre les mailles verticales, attirez

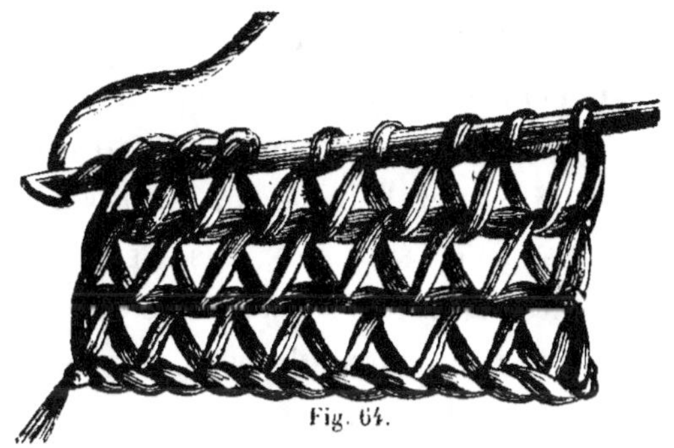

Fig. 64.

la laine à travers ces vides, et gardez sur votre crochet toutes
les boucles ainsi formées.

4e *tour*. Comme le crochet tunisien ordinaire.

Répétez alternativement ces deux derniers tours.

POINT COUSU.

1er *et* 2e *tours*. Comme le crochet tunisien ordinaire.

3e *tour*. Prenez la première maille verticale comme dans le crochet tunisien ordinaire, ensuite passez le crochet d'abord dans la partie supérieure de la chaînette qui se trouve entre les mailles verticales, puis dans la maille verticale suivante, attirez la laine à travers ces deux mailles à la fois et continuez ainsi jusqu'à la fin du tour.

4e *tour*. Comme le 2e tour du crochet tunisien ordinaire.

POINT RAYÉ.

Montez une chaînette de mailles divisibles par 4, et une de plus de chaque côté pour les lisières.

1er *tour*. Comme le crochet tunisien ordinaire.

2e *tour*. Passez la laine sur le crochet et attirez-la à travers la première maille, passez la laine sur le crochet et attirez-la à travers les trois mailles suivantes, passez encore la laine sur le crochet et attirez-la à travers la maille suivante, continuez ainsi à attirer la laine alternativement à travers trois, puis à travers une seule maille jusqu'à la fin du tour.

3e *tour*. Piquez le crochet dans la première ouverture entre la première maille verticale et le premier groupe de trois mailles, attirez la laine à travers et gardez la boucle sur le crochet, piquez ensuite le crochet dans le brin de laine qui rattache les trois mailles ensemble, par derrière, et attirez la laine à travers, piquez ensuite dans l'ouverture qui suit le groupe de trois mailles, puis dans le brin qui se trouve derrière la maille isolée, ensuite dans l'ouverture qui suit cette maille, après cela encore dans le brin qui rattache le groupe de trois mailles suivant, toujours en formant de nouvelles bouclettes de laine que vous gardez sur le crochet; continuez de même jusqu'à la fin du tour.

Répétez le 2ᵉ tour, en ayant soin de former toujours les groupes de trois bouclettes au-dessus de ceux du tour précédent. On fait alternativement le 2ᵉ et le 3ᵉ tours.

POINT ENLACÉ.

Montez une chaînette de mailles divisible par 3, avec une de plus pour chaque lisière.

1ᵉʳ *tour.* Comme le crochet tunisien ordinaire.

2ᵉ *tour.* Mailles de lisière comme à l'ordinaire, quant aux autres mailles, prenez-les trois par trois, c'est-à-dire passez toujours le crochet à travers trois mailles à la fois, faites une maille chaînette entre chaque groupe de trois mailles.

3ᵉ *tour.* Piquez le crochet sous chacune des mailles verticales que vous avez démontées trois par trois dans le tour précédent, de manière à laisser ces mailles entières et à en former d'autres qui sont enlacées à celles-ci et semblent en sortir.

4ᵉ *tour.* Comme le 2ᵉ tour, en ayant soin de laisser glisser ensemble, hors du crochet, les mêmes trois mailles qui ont déjà été démontées dans l'avant dernier tour.

Répétez alternativement ces deux derniers tours.

POINT IMITANT L'ASTRACAN. (Voyez fig. 65).

Ce point est très-joli pour bordures ; on en fait aussi de charmantes pèlerines ; on le fait en laine noire ou grisaille.

On exécute d'abord la doublure ou fondation de l'ouvrage au crochet tunisien ordinaire. Ensuite on attache la laine à la

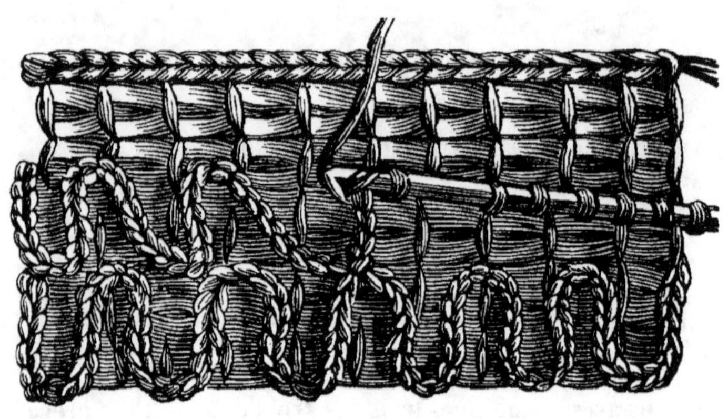

Fig. 65.

première maille de l'ouvrage, puis on pique le crochet et on attire la laine dans chacune des mailles verticales du premier tour, on garde les boucles sur le crochet. En revenant, on passe la laine à travers la dernière maille qu'on a sur son crochet, on fait trois mailles chaînettes, puis une quatrième maille chaînette que l'on forme en même temps qu'on passe la laine dans la boucle suivante, on fait encore trois mailles chaînettes, et ainsi de suite.

On répète le même travail dans chaque tour de la *doublure* de l'ouvrage. Si l'on désire que le tissu soit moins épais, on passe un tour entre chaque tour de bouclettes.

POINT IMPÉRIAL. (Voyez fig. 66.)

Ce point imite le point de tapisserie dit *point impérial*.

On fait la chaînette, le premier et le deuxième tours, comme dans le crochet tunisien ordinaire.

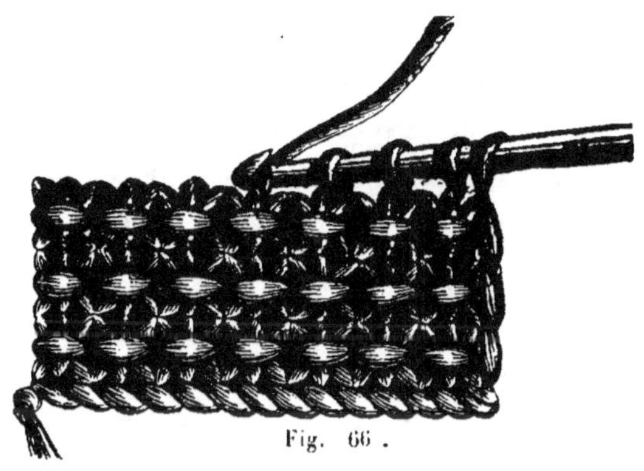

Fig. 66.

Au troisième tour, au lieu de relever les mailles verticales par devant on pique le crochet *par derrière* dans le côté opposé de ces mailles, en laissant entière la chaînette de mailles sur le dessus du tour ; cette chaînette entière se trouve ainsi repoussée par devant et devient la ligne transversale de la *croix* que décrit ce point.

On fait le 4e tour, en revenant, comme à l'ordinaire, puis on recommence le 3e, et ainsi de suite.

POINT DE VITRAGE.

1er *tour*. On pique le crochet dans deux mailles successives pour y former des boucles que l'on garde sur son crochet comme pour le crochet tunisien, on passe la troisième maille de la chaînette, on fait une maille chaînette, on pique le crochet dans les deux mailles suivantes, et ainsi de suite.

2e *tour*. On passe la laine dans les deux mailles qui se trouvent l'une près de l'autre, on fait trois mailles en l'air, on passe la laine dans les deux mailles suivantes, on fait encore trois mailles chaînettes, et ainsi de suite.

3e *tour*. On passe la laine dans la maille du milieu des trois mailles chaînettes, on garde la boucle ainsi formée sur son crochet, on passe la laine, mais cette fois *sous* la chaînette, dans le vide par conséquent, et l'on forme une seconde boucle que l'on retient également sur son crochet; on continue de même jusqu'à la fin du tour, de manière que les jours soient contrariés. Il faut avoir soin de faire toujours les mailles de lisière comme dans le crochet ordinaire, sans cela le travail irait en biais.

4e *tour*. Comme le 2e.

POINT DOUBLE.

La chaînette et les lisières de chaque tour se font comme dans le crochet tunisien ordinaire.

1er *tour*. Ce tour se fait comme le premier du crochet tunisien ordinaire; seulement, entre chaque boucle que l'on forme, on jette le brin et on le conserve sur le crochet.

2ᵉ tour. Piquez le crochet à la fois dans la maille verticale et dans la maille *jetée* qui la précède, et attirez la laine à travers toutes les deux.

3ᵉ tour Comme le 1ᵉʳ, seulement en piquant toujours dans les vides qui précèdent les mailles jetées au lieu de piquer dans les mailles.

Répétez alternativement ces deux derniers tours.

POINT TOISON.

Ce point s'exécute comme le point tunisien ordinaire, seulement entre toutes les trois mailles verticales, en revenant, on forme une bouclette de six mailles chaînettes qu'on laisse pendre sur l'endroit de l'ouvrage. On alterne ces bouclettes à chaque tour, de manière à les contrarier.

POINT D'ENGRÊLURES.

Ce point s'emploie beaucoup pour cache-nez, on le fait en laine blanche et de couleur.

1ᵉʳ et 2ᵉ tours. Laine blanche. Comme le crochet tunisien ordinaire.

3ᵉ tour. Comme le crochet tunisien ordinaire.

4ᵉ tour. En revenant. On passe la laine successivement à travers deux boucles, on fait trois mailles chaînettes, on passe la laine à travers les deux boucles suivantes, et ainsi de suite. On fait ce tour avec la laine de couleur.

5ᵉ *tour*. Laine blanche. On passe la laine à travers les deux mailles verticales entre les mailles chaînettes, en même temps, on forme ensuite une boucle en piquant le crochet sous la chaînette des trois mailles, on passe la laine dans les deux mailles suivantes, et ainsi de suite.

6ᵉ *tour*. Comme le 2ᵉ du crochet tunisien ordinaire. On fait ensuite deux tours entiers au crochet tunisien ordinaire avec la laine blanche, puis on recommence au 5ᵉ tour.

POINT BROCHÉ. (Voyez fig. 67.)

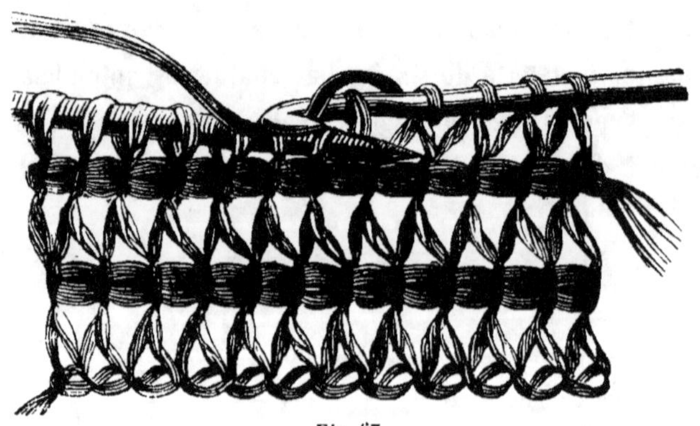

Fig. 67.

Ce point diffère considérablement des précédents; il se fait avec deux crochets : l'un est le crochet tunisien à boule; l'autre est du double plus gros, et pointu à l'extrémité au lieu d'être à boule.

On fait ce point en deux couleurs, noir et blanc, par exemple. On monte la chaînette avec la laine noire et sans couper cette laine, on attache la laine blanche double ; puis, avec le crochet sans boule, on passe la laine à travers chaque maille en conservant toutes les boucles sur le crochet. A la fin du tour, on coupe la laine.

2ᵉ *tour.* Avec la laine noire, en revenant. On pique le crochet dans chaque maille, par derrière, de manière que les deux côtés de la maille se croisent, en enlevant en même temps chaque maille du crochet où elle se trouve en formant une nouvelle boucle sur l'autre crochet.

3ᵉ *tour.* Laine noire. Comme le 2ᵉ tour du crochet tunisien ordinaire.

4ᵉ *tour.* Laine blanche double. On passe la laine double, avec le crochet sans boule, à travers chaque maille verticale et on conserve toutes les boucles sur le crochet.

On recommence au 2ᵉ tour.

DENTELLE AU CROCHET. (Voyez fig. 68).

Montez 15 mailles et travaillez en allant et en revenant.

1ᵉʳ *tour.* Dans la 7ᵉ maille de la chaînette, faites une barrette ; 3 mailles chaînettes, passez une maille, 1 barrette, 3 mailles chaînettes, 1 barrette dans même maille que la précédente, 3 mailles chaînettes, passez 2 mailles ; 4 barrettes divisées par 3 mailles chaînettes, dans la dernière maille.

2ᵉ *tour.* 6 mailles chaînettes, 1 barrette sur le premier feston du tour précédent, 1 maille chaînette, passez 1 picot du tour précédent; 3 barrettes dans le feston du milieu. 3 mailles chaînettes, encore 3 barrettes ; 1 maille en l'air, passez 1 picot, 1 barrette sur le feston suivant, 5 mailles chaînettes, 1 maille double.

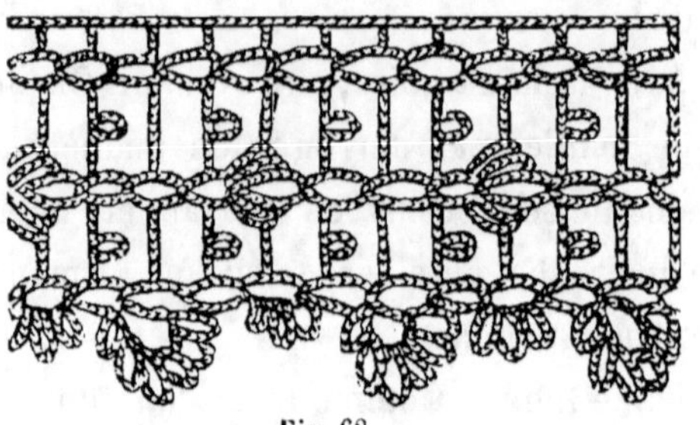

Fig. 68.

3ᵉ *tour*. 4 mailles chaînettes, 4 mailles doubles et entre chaque maille double 4 mailles chaînettes, sur le dernier feston, 1 maille chaînette, 1 picot, 1 maille chaînette ; sur les mailles chaînettes qui se trouvent entre les deux groupes de 3 barrettes, 2 mailles doubles séparées par 5 mailles chaînettes ; 1 maille chaînette, 1 picot, 1 maille chaînette ; sur le dernier feston du tour précédent, 1 barrette, 3 mailles chaînettes, 1 barrette.

4ᵉ *tour*. 6 mailles chaînettes, 1 barrette sur le feston le plus proche, 3 mailles chaînettes, passez un picot sur le feston du milieu, 1 barrette, 5 mailles chaînettes, 1 barrette, 3 mailles chaînettes, passez 1 picot, sur le premier des 4 derniers petits festons, 4 barrettes et 1 maille chaînette entre chaque barrette.

Répétez toujours le dessin du 2ᵉ au 5ᵉ tour. Pour terminer,

faites, sur le côté qui est en ligne droite, un tour composé alternativement de 3 mailles chaînettes, 1 barrette, placée sur l'une des ouvertures.

GARNITURE FORMANT FESTONS.

Montez un nombre de mailles suffisant pour la longueur de la garniture.

Faites 2 tours de crochet à jours ordinaire.

3ᵉ *tour.* ˙ 7 points de crochet à jours, après le 7ᵉ au lieu de faire une maille chaînette, attirez le brin à travers la maille de manière à former une longue boucle, retournez et piquez le crochet dans le second point, faites 5 points dans ce tour, en les faisant venir au-dessus des 7 points ; retournez et ne faites que trois points sur les 5 derniers, puis 1 seul sur les 3 que vous venez de faire, cela complète une dent de feston ; revenez ensuite au 3ᵉ tour et piquez le crochet dans la dernière maille du 7ᵉ point, faites une maille chaînette et répétez depuis ˙. Lorsque toutes les dents de festons sont terminées, faites tout autour 1 tour de mailles simples.

ÉTOILE AU CROCHET. (Voyez fig. 69).

Pour voiles de fauteuils, dessus de lit, etc., le genre de crochet le plus employé se compose d'étoiles ou de rosaces exécutées séparément et réunies ensuite par de petites chaînettes, des carrés au crochet mat, ou de petits motifs à jour. Comme spécimen de cet ouvrage nous donnons une étoile qui se fait ainsi :

On commence par le centre, et dans le premier tour on exécute, en même temps, le petit anneau du milieu et les quatre branches de la croix.

Fig. 69.

Faites une chaînette de dix-sept mailles, piquez dans l'avant-dernière de ces mailles et formez une barrette, faites encore treize barrettes, vos deux premières mailles chaînettes resteront libres ; faites encore deux mailles chaînettes pour l'anneau, puis quinze pour la seconde branche, et revenez sur ces dernières mailles en formant quatorze barrettes ; faites encore 2 mailles chaînettes, ensuite la troisième branche comme les deux premières, encore 2 mailles chaînettes, enfin la quatrième et dernière branche, et terminez votre premier tour en réunissant le pied de cette dernière branche à la première maille chaînette de l'anneau, de manière à fermer celui-ci.

2e *tour*. Au centre de la chaînette, entre deux branches de la croix, formez une maille simple, puis 6 mailles chaînettes, puis encore 4 mailles chaînettes, piquez le crochet dans la première de ces quatre mailles et faites une maille simple, cela forme un *picot*; encore 2 mailles chaînettes, puis encore un picot; 6 mailles chaînettes, piquez le crochet dans la pointe supérieure de la branche la plus proche et faites une maille simple; 6 mailles chaînettes, 1 picot, 2 mailles chaînettes, 1 picot, 2 mailles chaînettes, une barrette double dans le centre de la chaînette, entre deux branches de la croix; vous avez entouré une de ces branches; continuez de la même manière, jusqu'à ce que vous les ayez entourées toutes les quatre; pour fermer le tour, réunissez la dernière maille chaînette à la quatrième maille du commencement du tour, les trois premières tiennent la place d'une barrette.

3e *tour*. Faites quatre mailles chaînettes pour une barrette double, puis encore 10 mailles chaînettes, piquez le crochet dans la maille simple, à la pointe la plus proche, et faites dans cette maille 3 mailles simples; ensuite 10 mailles chaînettes, 1 barrette double; continuez de la même manière autour de chaque branche de la croix; pour fermer le tour, réunissez la dernière maille chaînette à la 4e maille du commencement.

4e *tour*. 1 maille double dans chaque maille jusqu'à la pointe de la branche, où vous en ferez trois dans une seule, pour augmenter ; mailles doubles encore jusqu'au point au-dessus de la barrette double du tour précédent ; à cet endroit, après avoir fait une maille double, faites une petite bouclette avec picots, comme il suit : 2 mailles chaînettes, 1 picot, 2 mailles chaînettes, 1 picot, 4 mailles chaînettes, 1 picot, 2 mailles chaînettes, 1 picot, 2 mailles chaînettes ; fermez la bouclette en piquant le crochet dans la même maille double où vous avez commencé. Continuez ainsi, en faisant des mailles doubles sur toutes les mailles chaînettes, augmentez à chaque pointe en mettant trois mailles dans une seule, et, au-dessus de chaque barrette double du tour précédent, formez une bouclette à picots, ainsi qu'il a été expliqué. Vous finirez par conséquent le tour par une de ces bouclettes ; en fermant cette dernière bouclette, réunissez la dernière maille double du tour à la première.

5e *tour*. Remontez le long d'un des côtés de la dernière bouclette du tour précédent, en mailles simples pour arriver jusqu'à sa pointe supérieure, faites ensuite : * 4 mailles chaînettes, 1 picot, 5 mailles chaînettes, 1 picot, 4 mailles chaînettes, 3 mailles doubles dans la maille de la pointe supérieure de la branche la plus proche ; 4 mailles chaînettés, 1 picot, 5 mailles chaînettes, 1 picot, 4 mailles chaînettes, 1 maille simple dans la pointe supérieure de la bouclette à picots du tour précédent, la plus proche. Répétez trois fois depuis *.

6e *tour*. Une maille double dans chaque maille du tour précédent.

7e *tour*. Crochet *à jours*. Chaque jour se compose de 1 barrette et une maille chaînette sous laquelle on passe une maille.

8ᵉ *tour*. Semblable au 6ᵉ.

Après ce dernier tour il ne reste plus qu'à former la garniture de *dents* qui entoure le rond. Cette garniture se fait entièrement dans un seul tour, ainsi que nous allons l'expliquer.

Les dents se font alternativement mates et à jours; pour la dent mate, faites une maille simple dans la première maille du tour, puis 2 mailles chaînettes; cela est égal à une barrette, faites un picot au-dessus de cette barrette; puis 5 barrettes dans les mailles suivantes; revenez sur ces barrettes, faites 1 maille simple sur la dernière, 4 barrettes sur les précédentes, puis 1 picot sur la dernière de ces quatre barrettes que vous venez de faire; retournez encore une fois l'ouvrage, piquez votre crochet dans l'avant-dernière barrette du tour précédent, faites 1 barette, 1 picot, puis une seconde barrette dans la barrette suivante; ensuite, *redescendez* le long de la dent mate, faites 1 maille simple, 1 picot, au coin du second tour de barrettes, 1 maille simple, 1 picot, au coin du premier tour de barrettes, 1 maille simple; la dent mate se trouve ainsi terminée; faites 1 maille simple dans la maille la plus proche du tour de mailles doubles et puis exécutez la dent à jours, de la manière suivante: 5 mailles chaînettes sous lesquelles passez 3 mailles du tour précédent, 1 barrette double dans la quatrième maille, puis encore 5 mailles chaînettes en passant 5 mailles et 1 maille simple dans la quatrième; revenez sur toutes ces mailles que vous venez de faire, en mailles doubles, puis revenez encore et travaillez sur ces mailles doubles en faisant alternativement, 1 maille simple, 1 picot; terminez par une maille simple. Ré-

pétez ensuite la dent mate expliquée plus haut. Continuez à
alterner les dents mates et les dents à jours en faisant une
maille simple entre chacune d'elles. Il en faut huit de chaque
sorte pour compléter la garniture de l'étoile.

CHAPITRE VI.

FILET.

Le filet est un des ouvrages les plus jolis et les plus faciles
que puisse exécuter la main d'une femme. Les matériaux dont
on se sert sont très-simples, et les produits de ce travail sont
d'une élégance et d'une solidité extrêmes. Un des grands avan-
tages du filet, c'est que chaque maille de l'ouvrage est si bien
arrêtée et si indépendante des autres, que si l'une d'elles vient
à se casser, cet accident ne nuit en rien au reste de l'ouvrage ;
dans le crochet, au contraire, on sait qu'une maille défaite
entraîne la perte de tout le travail ; et qui n'a éprouvé les ennuis
d'une maille perdue dans un ouvrage au tricot?

Si le filet est facile à exécuter quand on le sait, il est au contraire très-difficile à expliquer ; cependant, à l'aide de nos figures, nous espérons en rendre les procédés clairs et intelligibles.

Pour faire du filet, il faut se procurer une navette et un moule (voyez fig. 70 qui représente le moule et la navette des-

Fig. 70.

sous). La navette est en acier ; on passe le fil par le petit trou qui se trouve près de l'un de ses bouts et on l'y arrête par un nœud, puis on dévide le fil dessus. Il ne faut pas trop charger la navette, afin qu'elle puisse passer aisément dans les mailles. Il y a des moules et des navettes de plusieurs grosseurs ; on les choisira d'après la finesse de l'ouvrage qu'on veut faire. Les navettes en acier sont numérotées de 12 à 24. Les dernières sont extrêmement fines. On en fait en bois pour les filets en ficelles. Les moules sont en os ou en ivoire ; les très-gros se font en bois. On se sert aussi de moules plats pour obtenir des mailles très-larges dans certains dessins de filet.

Avant de commencer un ouvrage au filet, il est indispensable de se faire un *porte-filet*, vulgairement appelé *perruque* et qui servira de fondation à tous les ouvrages au filet qu'on voudra entreprendre, à l'exception pourtant de ceux faits en rond qui se commencent par le centre.

Pour faire le filet il faut aussi s'arranger un point d'appui pour tirer sur les nœuds bien également. On attache quelquefois un bout de fil fort, à une pelote fixée à la table; d'autres fois on se fait une espèce d'*étrier* avec un ruban plié en deux, de manière à en former une large boucle, on passe le pied dans cette boucle et à l'autre bout du ruban on attache en le doublant un fil très-solide. C'est à cette boucle de fil fort, que vous attachez par un nœud le fil avec lequel vous allez travailler.

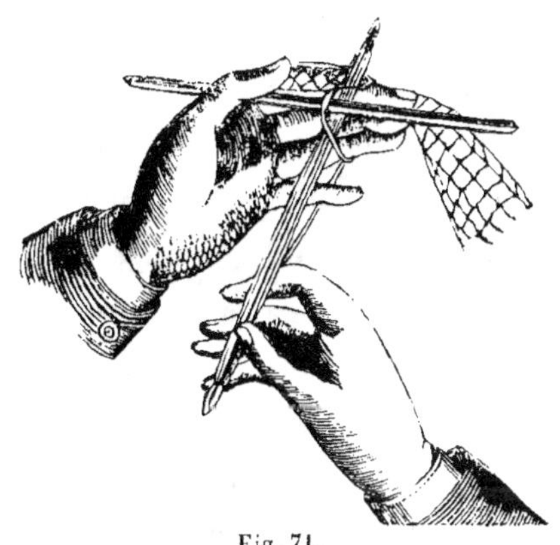

Fig. 71.

Placez le moule sous le fil, entre le pouce et l'index de la main gauche, il faut qu'il repose sur le doigt du milieu et soit seulement maintenu par le pouce; l'index doit se trouver au-dessus du moule ; la moitié du doigt du milieu, l'annulaire et le petit doigt en dessous (voyez fig. 71). Prenez la navette de la main droite, tournez le fil au-dessus des doigts majeur et annulaire et ramenez-le sous le pouce, en passant au-dessus du moule.

Passez la navette, de bas en haut, et derrière le moule, dans la large boucle que forme le fil autour des doigts et en même temps, dans la grande boucle du gros fil fixé au ruban qui sert d'étrier. Tirez la navette, en ayant soin de retenir avec le petit doigt le fil qui en sort. En formant la maille, laissez échapper de la boucle les doigts majeur et annulaire, mais soutenez-la encore avec le petit doigt tout en serrant graduellement et maintenant la maille avec l'index contre le moule ; dès que le nœud est bien serré, lâchez le petit doigt et tirez d'un mouvement sec, la navette avec la main droite. La première maille sera achevée.

Faites une seconde maille prise dans la grande boucle à côté de la première et recommencez comme pour celle-ci jusqu'à ce que vous ayez 50 ou 40 mailles sur le moule. Alors, retirez le moule des mailles, retournez l'ouvrage pour commencer le deuxième rang et passez la navette, au sortir de la boucle qui entoure vos deux doigts, dans la première maille du rang que vous venez de faire. Continuez de même jusqu'à la fin du rang. On en fait ordinairement cinq ou six pour une *perruque*. Les rangs se font de gauche à droite et de droite à gauche alternativement.

Filet simple en losanges Il se fait exactement comme celui que nous venons d'indiquer. On attache le coton ou la soie qu'on veut employer dans une des boucles de la perruque. Il faut qu'elle ait autant de mailles que l'ouvrage entrepris doit en compter. Quand on a fini, on coupe le premier rang de la perruque et on enlève les petits bouts de fil qui restent dans les nœuds du premier rang du nouveau filet.

Filet carré. Ce filet se fait de la même manière que le filet ordinaire; seulement on le commence par une pointe, c'est-à-dire que l'on fait d'abord une seule maille, puis deux mailles dans cette première, et ensuite on augmente en faisant toujours deux mailles dans la dernière de la rangée. On continue ainsi jusqu'à ce qu'on ait la largeur voulue, ensuite on diminue dans les mêmes proportions, en prenant deux mailles comme une seule à la fin de chaque rangée. C'est sur ce genre de filet, dont les mailles paraissent carrées, que l'on brode des dessins au point de reprise.

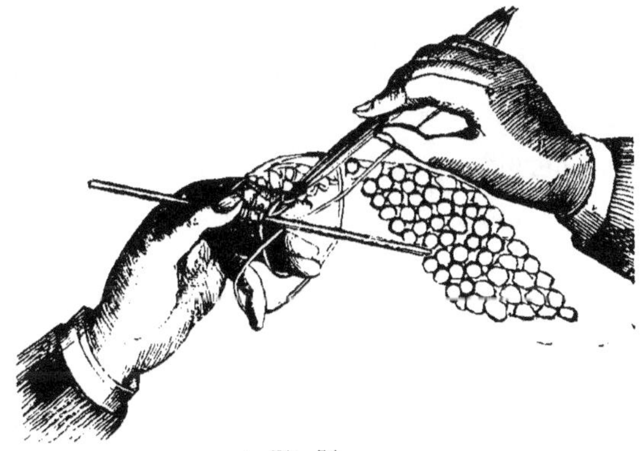

Fig. 72.

Filet rond. Ce point se fait à peu près comme le filet ordinaire. La seule différence est dans la manière de passer la navette à travers la maille. Ainsi que le montre la gravure (voyez fig. 72), après avoir passé la navette à travers la maille, on la retire et on la fait passer de haut en bas dans la bouclette que l'on vient de faire. Ce genre de filet est très-joli pour faire des bourses longues.

Une *pointe en filet* se fait en commençant par une seule maille,
et en augmentant ensuite d'une maille à la fin de chaque
rangée.

Pour former un rond, il faut passer la navette dans la *première*
maille de la rangée, aussitôt après en avoir fait la dernière
maille, et on continue toujours de même, en changeant le moule
de place, suivant les exigences du travail.

Pour faire une dentelle ou *bordure à dents*, commencez par
une maille et formez deux mailles dans une seule, à la fin de
chaque rangée jusqu'à ce que vous ayez autant de carrés qu'il
en faut pour la partie la plus étroite de la dent ; —* augmentez
ensuite dans *toutes les deux* rangées seulement, jusqu'à ce que
vous soyez arrivée à la pointe de la dent; au tour suivant, vous
laisserez les derniers carrés qui forment la pointe, puis vous
répéterez depuis le signe *.

DENTELLE A JOUR (voyez fig. 73).

Ce genre de travail au filet se fait avec deux moules dont
l'un doit avoir le double d'épaisseur de l'autre. On se sert de fil
à crochet très-fin.

Attachez le fil à la *perruque*. Faites trois rangées de filet sur
le petit moule, de la longueur dont vous voulez la dentelle.

4e *rang* : Sur le gros moule, un nœud dans chaque maille.

5e *rang*. Sur le petit moule. Prenez trois mailles ensemble
pour faire un seul nœud. Continuez de même jusqu'au bout du
rang.

6e *rang*. Sur le gros moule. Faites cinq nœuds dans chaque maille. Continuez de même.

7e *rang*. Sur le petit moule. Faites un nœud dans chacune des quatre premières mailles; passez la cinquième. Recommencez.

8e *rang*. Sur le petit moule. Faites un nœud dans chacune des deux premières mailles; passez la quatrième. Recommencez.

9e *rang*. Sur le petit moule. Faites un nœud dans chacune des deux premières mailles; passez la troisième. Recommencez.

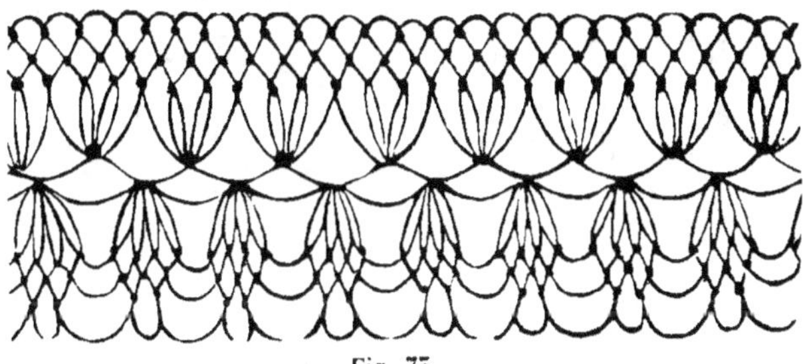

Fig. 75.

On fait souvent cette dentelle en laine fine de deux couleurs, blanche et bleue, ou blanche et rose, pour garnir des capelines au crochet, en laine blanche.

BORDURE AU FILET.

On retrouve fréquemment dans les ouvrages au filet, soit capelines, châles ou manchettes, ce genre de bordure en coquilles, c'est pourquoi nous en donnons ici le modèle.

Prenez un moule trois fois plus large environ que celui dont on se sert pour un fond au filet ordinaire, et faites douze mailles dans une seule maille du bord de l'objet que vous voulez garnir, passez huit mailles du bord, faites encore douze mailles dans la neuvième, et ainsi de suite. Ensuite prenez le moule qui vous a servi pour le fond, et faites une maille dans chaque maille. Terminez par un tour semblable au dernier, avec un moule un peu plus petit. (Voyez fig. 74).

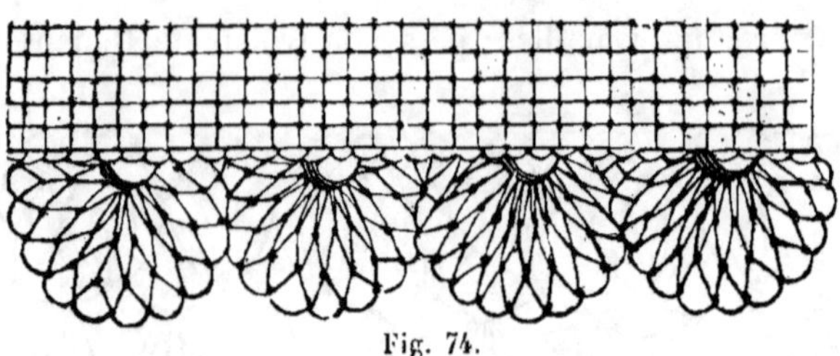

Fig. 74.

Cette bordure peut aussi se faire à part. On la commence alors par deux ou trois rangées de filet uni.

FILET GREC.

Pour ce genre de filet il faut deux moules, dont l'un plus gros que l'autre d'un tiers environ.

Attachez le filet à la *perruque*. Faites un rang de filet ordinaire sur le petit moule.

2e *rang*. Sur le gros moule.

3e *rang*. Sur le petit moule. Passez la navette dans la première maille, comme à l'ordinaire, mais avant d'y faire un nœud, faites glisser le bout de la navette dans deux grandes mailles à la fois, ramenez la seconde maille dans la première, puis la première dans la seconde, sans sortir la navette ; retirez-la ensuite très-doucement. Il doit vous rester une boucle dans laquelle vous faites un nœud. Faites un second nœud dans la boucle de l'autre grande maille qui a été enlacée dans la première. Continuez tout le rang de la même manière.

4ᵉ *rang*. Sur le petit moule. Filet ordinaire, un nœud dans chaque maille.

FILET ANGLAIS. (Voyez fig. 75).

Après un premier rang de filet ordinaire, commencez le second rang par la seconde maille, puis faites la première et continuez tout le rang en passant toujours une maille pour la reprendre ensuite.

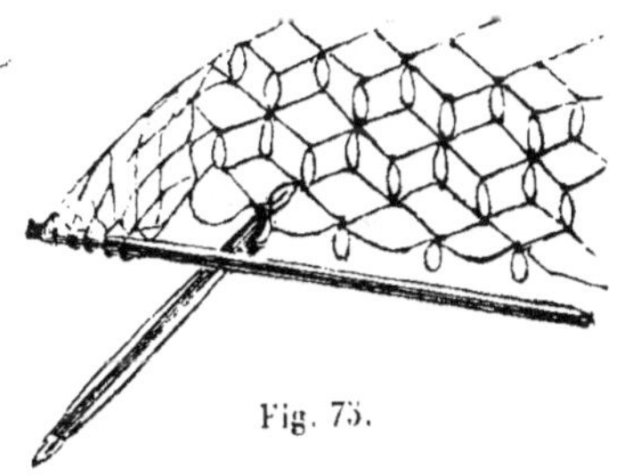

Fig. 75.

3ᵉ *rang*. Tout uni.

4ᵉ *rang*. Commencez par une maille ordinaire, puis continuez comme au second rang.

5ᵉ *rang*. Tout uni.

FILET BRODÉ EN REPRISES. (Voyez fig. 76).

Depuis qu'on trouve du filet fabriqué à la mécanique, de toutes les grosseurs, il est rare qu'on se donne la peine de faire soi-même le filet de coton sur lequel on brode au point de

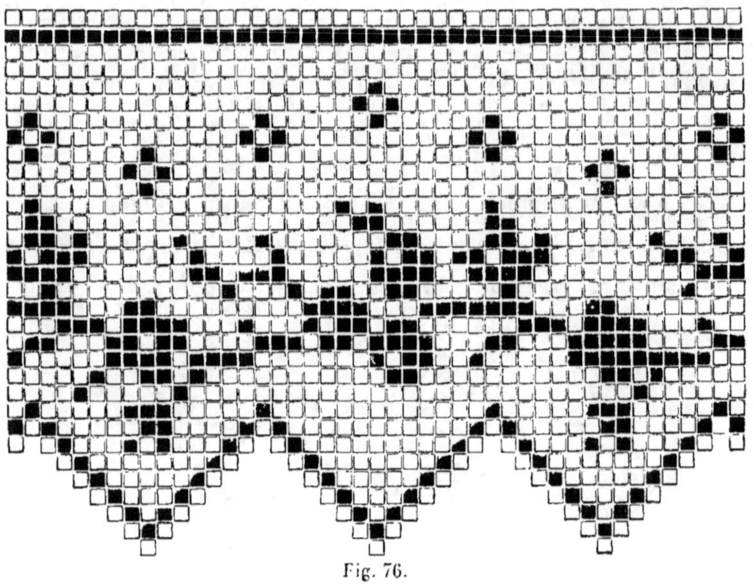

Fig. 76.

reprises. Cependant si l'on a exécuté le fond de filet, il faut avant de le broder, le laver et l'amidonner assez fortement, puis le tendre encore mouillé, en l'attachant avec des épingles sur un châssis ou sur un coussin, afin qu'il sèche sans prendre de mauvais plis. Puis on le monte sur de la toile cirée doublée d'un calicot un peu ferme. Les dessins qui servent à la broderie du filet sont sur quadrillés comme ceux pour le crochet carré. On en trouve dans tous les journaux de dames.

Ce genre de broderie est entièrement fait au point de reprises avec du coton plat, à tricoter. Il faut en assortir la grosseur à celle des mailles du filet, en calculant que chaque maille doit être couverte par quatre brins de coton, deux brins passés dans chaque direction.

Le point de reprises sur filet surpasse tous les autres par la beauté de son effet, lorsqu'il est brodé bien régulièrement. On y arrivera sans peine en observant quelques règles générales.

Travaillez toujours en allant de gauche à droite. Ne croisez jamais sur plus d'un fil à la fois, excepté quand un carré isolé doit être rempli ; il devient alors nécessaire de passer sur deux fils.

Pour ajouter du coton, faites un nœud de tisserand et coupez les deux bouts tout près du nœud.

Chaque fois que le dessin le permet, travaillez par ligne droite pour remplir les mailles du filet. Commencez par n'importe quelle rangée du dessin et passez les fils alternativement de gauche à droite et de droite à gauche en piquant l'aiguille en-dessus et en-dessous des mailles du filet ; passez ensuite à la rangée qui doit se faire immédiatement au-dessus, si cette rangée comprend le même nombre de carrés, mais si, au contraire, elle en compte un de moins, il faut traverser ce carré-là avant de commencer la rangée suivante. Continuez de même pour tout le dessin.

FILET BRODÉ EN IMITATION D'ANCIENNE GUIPURE.

Ce genre de broderie comprend une quantité de points et de dessins différents dont nous allons expliquer les principaux. Il se font toujours sur filet. Si on veut faire le fond soi-même il faut en préparer des carrés d'après la manière expliquée p. 142. C'est le plus souvent en carrés de différentes dimensions que se fait cet ouvrage. Ces carrés se réunissent alternés de carrés d'étoffe unie ou brodée et on en compose des couvre-lits, des dessus d'édredons, des voiles de fauteuils, des nappes d'autel et bien d'autres objets. On peut aussi en faire des garnitures et des entre-deux. Pour les bandes, on les monte sur de la toile cirée doublée de calicot un peu roide ; mais pour les carrés il vaut mieux tendre le filet sur un petit carré en fil de fer qui sert ainsi de métier. On entoure le fil de fer d'un ruban de coton. Le cadre doit être un peu plus grand que le filet, ce qui permet de le tendre fortement au moyen d'un gros fil et d'une aiguille que l'on passe du filet autour du cadre, des quatre côtés. On se sert de coton à crochet ; il doit être exactement de la même grosseur que le fil du filet.

POINTS CLAIRS (voyez fig. 77).

Le point d'esprit. Le premier dessin à gauche de cette figure représente le point d'esprit qui s'emploie souvent comme encadrement aux carrés. Il se fait en deux fois, comme on peut le

voir sur le dessin ; c'est une espèce de point de feston très-
lâche qu'on exécute d'abord d'un côté des carrés, puis de l'autre,
en les enlaçant au milieu.

La rosette placée à droite occupe quatre carreaux du filet ;
elle se fait comme le point d'esprit, mais en tournant, et le point
de feston lâche ne se fait que d'un côté ; on entrelace un
simp'e fil dans le rond intérieur.

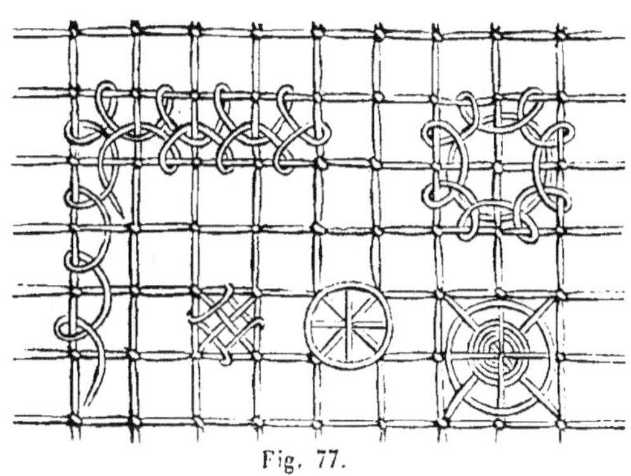

Fig. 77.

La roue se fait aussi sur quatre carreaux de filet. On forme,
par deux fils lancés d'un angle à l'autre, une croix en X ; le
carré principal se trouve ainsi divisé en huit compartiments
réguliers ; on attache le fil sous le nœud au centre des quatre
carreaux, puis on le passe alternativement en dessus et en dessous des huit fils qui divisent le carré. Il faut avoir soin de
maintenir le rond ainsi formé, parfaitement plat ; cinq ou six
tours suffisent pour le compléter. Un peu au delà on passe entre
les fils un tour plus grand qui encadre la roue.

13.

Deux autres petits motifs sont représentés sur notre dessin. Ils n'occupent chacun qu'un seul carreau du filet et se font comme les autres en fils lancés et entre-croisés. La seule difficulté de ce travail, c'est de ne pas *tirer* et en même temps de ne pas laisser les fils trop lâches. Un peu d'habitude rend bientôt ce procédé facile. Tous ces points clairs s'emploient par opposition avec le travail mat du point de *reprise-toile* du *point de reprise* et du *point de Venise*.

POINTS MATS (voyez fig. 78).

Le point de toile, premier motif de gauche, se fait exactement comme une *reprise* dans du linge. Chaque carreau du filet est rempli par quatre fils d'un côté et quatre fils de l'autre. Il faut que ces fils s'entre-croisent; et pour cela on passe toujours l'aiguille *sur* un fil puis *sous* un autre. Quand le dessin de la reprise se continue d'un carreau à l'autre, on passe le fil tout du long et l'on remplit tout d'une fois les carreaux qui doivent être mats. La difficulté de ce point dépend du plus ou moins de finesse du filet. Le fil employé doit être bien assorti et calculé de manière que les quatre brins remplissent exactement le carreau sans revenir l'un sur l'autre.

Le point de reprise. Au-dessous du point de toile, on voit sur notre dessin un motif de point de reprise remplissant trois carreaux. Pour l'exécuter, on attache d'abord un fil d'un côté à l'autre du carreau de filet, de façon à le séparer en deux verticalement, on passe ensuite le fil alternativement en dessus

et en dessous des fils des carreaux et du fil lancé au centre, de
manière à former un tissu serré. On remplit souvent un coin
seulement d'un carreau du filet avec ce point. On attache d'abord
un fil d'un angle à l'autre du carreau, puis on passe le fil sous
le nœud du filet, on le passe ensuite alternativement en dessus
et en dessous du fil lancé en biais, en entourant toujours les
fils du carreau de chaque côté. Nous donnons un exemple de
cette combinaison et de plusieurs autres du point de reprise sur
la fig. 78.

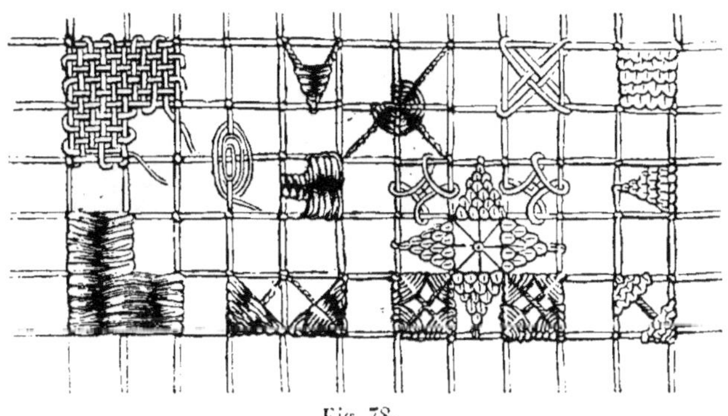

Fig. 78.

Le point de Venise est le plus difficile à faire nettement.
On commence par recouvrir d'une rangée de petits points de
feston pas trop serrés, l'un des côtés d'un carreau du filet, ensuite on revient sur ces points en en formant d'autres semblables, seulement on travaille *en arrière*. On continue ainsi en
allant et en revenant, toujours au point de feston, jusqu'à ce
que le carreau soit rempli. Au dernier rang on festonne sur le

fil du filet. Ce point se fait le plus souvent en triangle, ou bien on en remplit les deux angles opposés d'un carreau et on les réunit par un fil cordonné. On en forme ainsi des rosaces et des étoiles; nous en donnons plusieurs motifs sur notre dessin, à droite.

CHAPITRE VII.

FRIVOLITÉ.

La frivolité, probablement ainsi appelée parce qu'elle ne sert qu'à faire des choses de peu d'importance, telles que des garnitures, des cols ou des manchettes, est un ouvrage amusant et facile à faire quand on a saisi la manière de former le nœud. Le

Fig. 79.

seul instrument dont on ait besoin pour ce genre de travail est une petite navette d'ivoire, dont nous donnons la représentation (voyez fig. 79) sur laquelle on dévide le coton ou la soie dont on se sert.

C'est du coton blanc, de différentes grosseurs et du même genre que celui indiqué pour le crochet, qu'on emploie le plus généralement pour la frivolité, on peut aussi se servir de fil d'Irlande très-fin. Ce travail forme de très-jolies et solides garnitures pour toutes espèces de lingeries, ainsi que d'élégantes parures , cols et manchettes assorties. On en fait aussi des garnitures pour robes, vestes et paletots, en employant de la soie de cordonnet, noire.

Le point de la frivolité se compose de nœuds. Il y en a de deux sortes : le nœud à l'endroit et le nœud à l'envers.

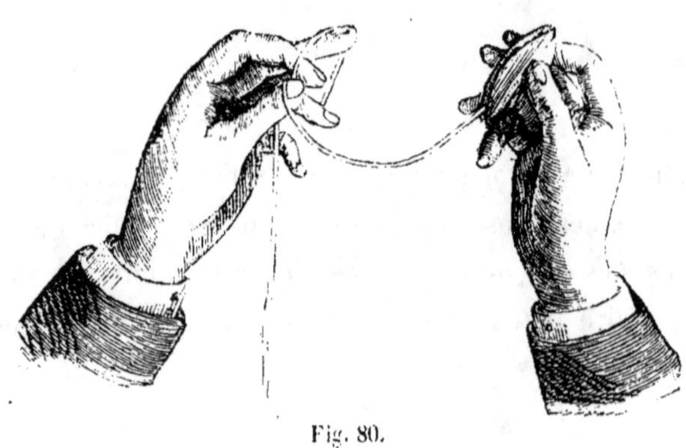

Fig. 80.

On commence par dévider une certaine quantité de coton sur la navette; on tient cette navette dans la main droite, on laisse pendre un assez long bout du coton ; on prend ce coton entre le pouce et l'index de la main gauche, on le passe, derrière l'index et autour du majeur et de l'annulaire, que l'on écarte un peu, et l'on fait revenir le coton entre le pouce et l'index. On a, par conséquent, formé une boucle autour des deux doigts du milieu (voyez fig. 80 qui indique la position des mains).

Maintenant, pour faire un *nœud à l'endroit,* faites passer le coton par-dessus l'ongle du pouce en avant et passez la navette sous le brin de coton qui se trouve entre le doigt majeur et l'annulaire, dans l'intérieur de la boucle. Retirez le coton en dehors de la boucle et tirez-le en droite ligne ; dans cette position le brin de coton que vous tenez doit diviser la boucle en deux parties égales ; serrez-le très-fort, ensuite retirez le doigt majeur qui se trouve *sous* le brin qui divise la boucle et passez-le dans la seconde moitié de la boucle *sur* le brin; ensuite pour serrer le nœud, tirez la boucle fortement en arrière et à gauche avec le doigt majeur, tout en tirant le brin qui sort de la boucle très-droit en avant, avec la main droite par ce double mouvement qui doit s'exécuter très-vivement la bouclevient former un nœud sur le brin de coton bien tendu qui est la fondation du travail (voyez fig. 81).

Pour faire un *nœud à l'envers.* Tenez d'abord vos mains dans la position indiquée pour le nœud à l'endroit (voyez fig. 80), ensuite faites passer le brin de coton en arrière, autour de tous les doigts et ramenez-le en avant, passez la navette de dedans en dehors cette fois, sous le brin qui se trouve entre le doigt majeur et l'annulaire, serrez le brin en divisant la boucle, et terminez le nœud absolument comme le nœud à l'endroit. La fig. 82 montre la manière dont on passe la navette à travers la boucle pour le nœud à l'envers.

Avec ces deux nœuds on peut exécuter tous les ouvrages possibles en frivolité. On alterne toujours d'un nœud à l'endroit et d'un nœud à l'envers, et plusieurs personnes appellent même ces deux nœuds *un seul double nœud*, ce qui facilite en effet les explications d'ouvrages de ce genre.

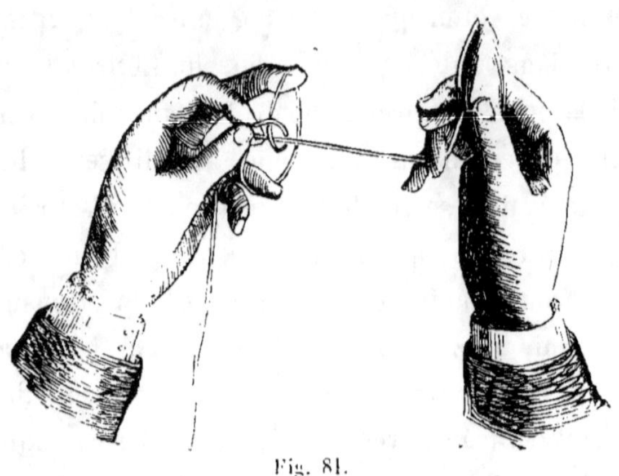

Fig. 81.

Les *nœuds* se font toujours dans la boucle de coton qui se trouve sur les doigts ; lorsqu'on a une quantité suffisante de nœuds, on resserre la boucle en tirant le brin du côté gauche; on forme ainsi une bouclette de nœuds, semblable à celle représentée isolément dans la fig. 83. C'est aussi en tirant le coton, mais dans la direction contraire, qu'on élargit la boucle lorsqu'elle devient trop petite pour que les doigts y tiennent facilement. Une rangée de bouclettes semblables compose déjà une jolie petite garniture pour vêtements d'enfants. Elle devient plus élégante lorsqu'on y ajoute des *picots* qui s'exécutent comme nous allons l'expliquer.

Dans la frivolité un picot est une petite bouclette de fil sur
laquelle on ne travaille pas. Pour obtenir un picot, on laisse un

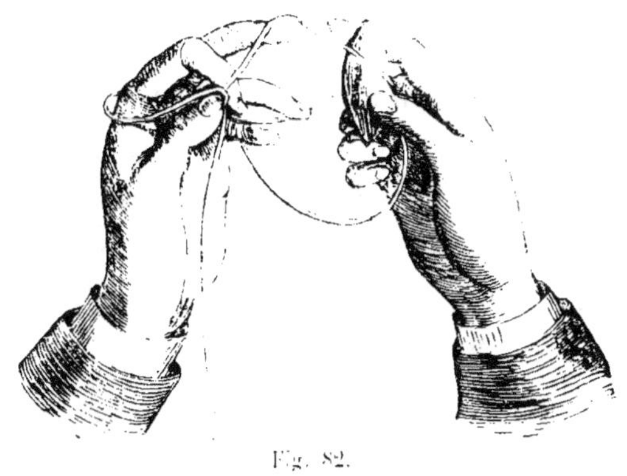

Fig. 82.

petit brin de fil entre deux nœuds; puis, quand les nœuds sont
serrés l'un à côté de l'autre, ce petit brin forme naturellement

Fig. 83.

une bouclette; pour les avoir bien réguliers il est bon de tenir
une grosse épingle près du dernier nœud avant d'en faire un

Fig. 84.

second, puis de serrer le fil autour de l'épingle. Dans la fig. 83,
à droite, on voit deux bouclettes à picots. La fig. 84 montre

un trèfle formé de trois bouclettes à picots. Les trois bouclettes se font l'une après l'autre en ligne droite, on leur donne ensuite la forme du trèfle en repliant le fil.

Rosace. Pour reproduire la fig. 85 il faut exécuter d'abord six bouclettes à picots en ligne droite, puis les réunir en cercle, ensuite on brode au point de feston autour du petit anneau de coton à l'intérieur de l'étoile. Tous les dessins de frivolité se composent de bouclettes, de trèfles et d'étoiles de ce genre que l'on rattache ensemble avec une aiguille et du fil, il est donc inutile d'en donner de plus nombreux exemples.

Fig. 85.

Lorsqu'on a un objet un peu grand à reproduire, soit col, manchette ou bordure, on en trace le dessin sur du papier, puis, après avoir exécuté les différents motifs du modèle, on les arrange à leurs places respectives sur le dessin tracé et on les rejoint avec du fil fin.

Pour les objets de dimensions un peu considérables, on mélange la frivolité avec du crochet, on y ajoute aussi très-souvent des points de dentelle à jours pour le milieu des étoiles et des rosaces.

CHAPITRE VIII.

FLEURS EN LAINE.

On peut imiter une très-grande quantité de fleurs en laine, et les procédés ne diffèrent que de cinq ou six manières. Nous allons les expliquer successivement, et quand on les connaîtra on pourra les appliquer à plus de vingt sortes de fleurs. Ce travail est facile, amusant et sert à orner une foule de jolis ouvrages de fantaisie. Mêlées à de la mousse tricotée, ces fleurs font de charmantes bordures de dessous de lampes et de flacons ; on en compose des garnitures de coussins de canapés, des devants de cheminées, etc.

Commençons par la *reine-marguerite*. Il faut avoir un moule plat en buis de deux centimètres et demi de largeur, et de vingt-cinq centimètres de longueur, puis deux petits morceaux de bois

autour de chacun desquels on enroule un brin de fil de fer dont
on laisse libre un assez long bout. On tient le moule de la main
gauche, et de la main droite on tourne la laine autour; on réunit
le bout resté libre de chaque fil de fer et on l'attache à la laine;
puis chaque fois qu'en tournant la laine on en ramène le brin
sous le moule devant soi, on passe un des bouts de fil de fer
par-dessous, l'autre *par-dessus* le brin de laine, de manière à les
croiser; cela fixe les boucles de laine sur le moule (voyez fig. 86).

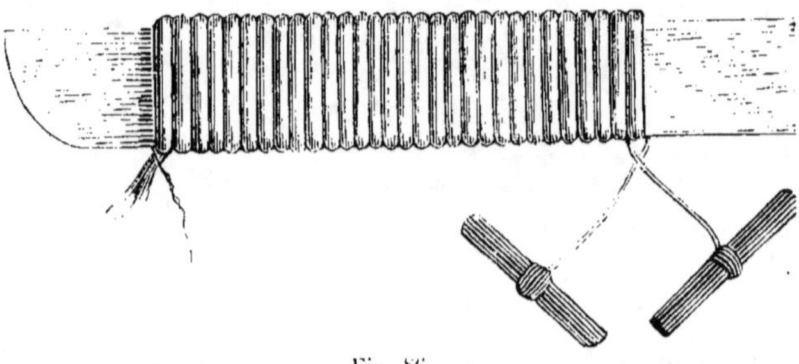

Fig. 86.

On continue de la même manière, en faisant toujours passer la
laine d'abord derrière le moule, puis par devant et en la fixant
par le fil de fer jusqu'à ce que le moule soit rempli. Il ne faut
pas serrer la laine trop fort autour du moule.

Lorsque toutes les boucles sont formées, on les glisse de
dessus la moule et on en fait les pétales de la marguerite en
attachant ces boucles, trois par trois par un petit nœud double
à leur extrémité supérieure. Pour faire ce nœud on emploie souvent de la soie d'une nuance plus vive que celle de la laine, et
si l'on a fait les boucles en laine blanche, on prend de la soie
rose, jaune ou vert-clair.

Pour le *cœur*, on replie une vingtaine de fois un brin de laine jaune sur une longueur de cinq centimètres environ ; on plie ce petit faisceau en double, on l'attache au milieu, puis un peu plus haut, avec du fil de fer. Ensuite on égalise bien les bouts avec des ciseaux et on en divise tous les brins en y passant la pointe des ciseaux jusqu'à ce qu'ils soient devenus doux et unis comme du velours. On prend alors les pétales préparés et qui tiennent tous ensemble, et on les coud avec soin autour du cœur, sur trois rangées. La fig. 87 indique clairement la

Fig. 87.

manière dont ce travail s'exécute. On passe un fil de fer double sous la fleur pour faire la tige. On le garnit de laine verte.

Le dahlia, l'anémone, le chrysanthème et la renoncule se font dans le même genre.

Le coquelicot se fait en laine anglaise, trois fils, d'un rouge

14.

écarlate. Le moule indiqué pour la reine-marguerite sert aussi pour le coquelicot. Sur ce moule, formez des boucles avec la laine, en les attachant avec du fil de fer très-mince, comme il a été indiqué plus haut pour la reine-marguerite. Trente-deux boucles suffisent pour un pétale de coquelicot. En commençant le travail, on aura soin de laisser pendre un bout du fil de fer et un brin de laine, longs de trois à quatre centimètres ; on en laissera autant lorsque les trente-deux boucles seront terminées. On enlève les boucles de dessus le moule ; on passe un brin de fil de fer dans le bas des boucles, où elles sont doubles.

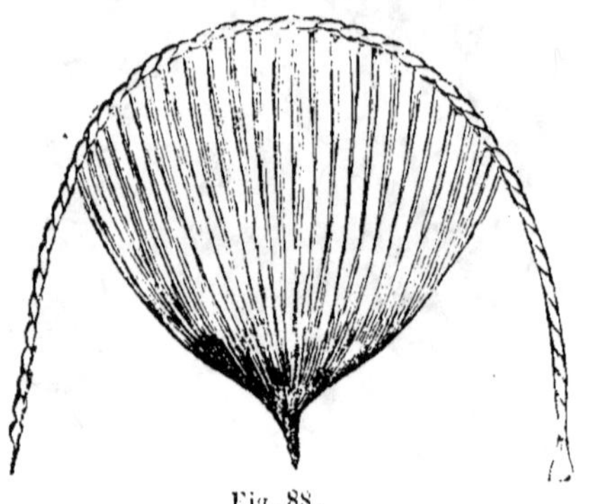

Fig. 88.

On tord ensemble les deux extrémités de ce fil de fer ; cela serre le bas des boucles et donne au pétale la forme voulue (voyez fig. 88). Le haut du pétale devient la partie qui était *en bas* sur le moule et où l'on a attaché les boucles avec du fil de fer. On enroule les bouts de fil de fer et les bouts de laine qu'on a laissés pendre de chaque côté du pétale ; on les

arrondit de manière à leur en faire prendre la forme et on en
tord les extrémités avec celles du fil de fer qui se trouvent déjà
tordues au bas du pétale. On dispose six pétales de la même
manière. Pour le milieu, on prend le cœur naturel du coquelicot. On les trouve séchés chez les herboristes. On peut les rem-
placer par une petite houppe de brins de laine, comme nous
l'avons indiqué pour la reine-marguerite. Seulement, pour le

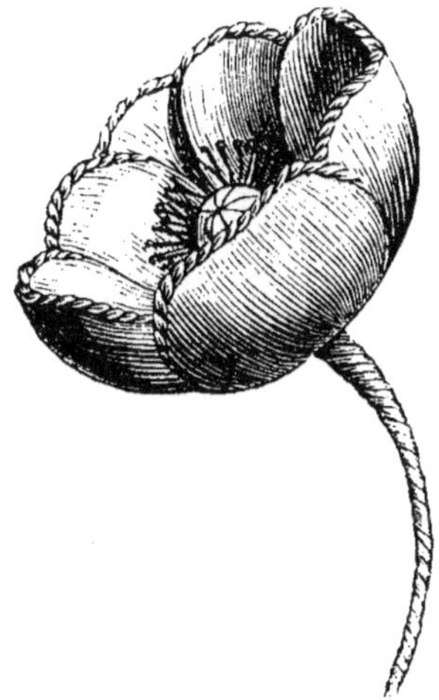

Fig. 89.

coquelicot on prendra de la laine vert-clair au lieu de laine
jaune. Les étamines se composent de brins de fil noir gommé,
disposés autour du cœur. Pour monter la fleur, on prend d'abord
le cœur, on y insère un morceau de fil de fer dont le haut est
un peu replié. Autour du cœur on arrange les étamines, puis
les deux premiers pétales et ensuite les autres en les contrariant. On enroule de la laine verte autour du bas des pétales et

autour de la tige. La figure 8) représente l'ensemble du coquelicot ; elle en facilitera l'exécution.

Le jasmin, le narcisse, la pervenche, la pensée, le bouton d'or,
et bien d'autres fleurs se font de la même manière avec les
pétales plus ou moins petits, arrondis ou effilés.

La rose. Pour exécuter cette fleur, il faut un moule en bois
dont nous donnons la forme (fig. 90). Il a huit centimètres et

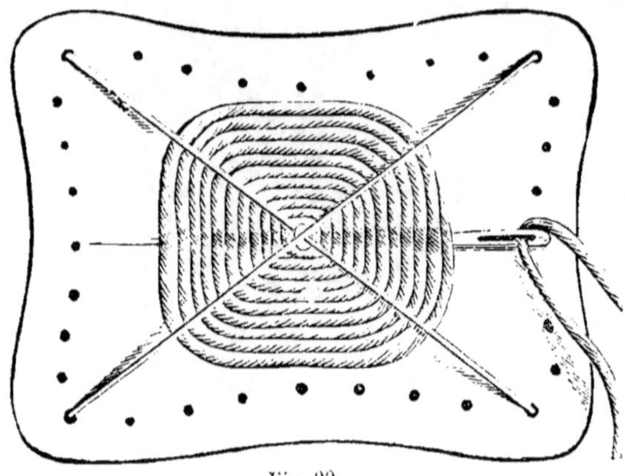

Fig. 90.

demi sur six, et il est percé d'un trou au centre et d'une rangée
de trous tout autour. On emploie de la laine anglaise 5 fils,
blanche, jaune, rose ou rouge nuancé. Il faut quatorze pétales
de dimensions graduées. Les quatre premiers pétales se composent de sept tours de laine ; les cinq moyens en ont neuf, et
les cinq plus grands, onze. Pour former ces pétales on fait
d'abord une croix avec du coton à crochet, sur le moule, en
piquant l'aiguille dans les trous qui se trouvent aux quatre

coins. Ces fils se croisent au centre du moule, et c'est à cet endroit que l'on commence le pétale, en tournant le brin de laine enfilé dans une aiguille, sous les fils croisés ; on continue à tourner en rond, en passant toujours la laine *sous* les fils. Il faut avoir soin de maintenir les tours de la laine bien plats et qu'ils se touchent sans revenir les uns sur les autres ; pour cela on appuie avec le pouce de la main gauche sur le pétale à mesure qu'il se forme. Lorsqu'on a obtenu un nombre de tours suffisant pour un pétale, on arrête la laine au milieu ; puis on prend de la laine *dédoublée*, on l'enfile dans une aiguille à reprises, fine et longue, et on la passe au milieu du pétale en la faisant glisser au centre de chaque brin de laine ; on serre un peu en arrêtant la laine pour former un léger creux dans le pétale. On répète ceci dans l'autre sens, passant ainsi la laine dédoublée, en croix. La fig. 90 montre l'aiguille passant à travers le pétale monté sur le moule.

Fig. 91.

Pour les étamines on prépare une dissolution de gomme arabique dans laquelle on mêle un peu de semoule et de safran.

On trempe dans ce mélange les extrémités d'une vingtaine de brins de fil blanc bien cirés. En séchant, la semoule adhère au fil et produit l'effet de petites boules granulées qui imitent le *pollen* de la fleur. Lorsque ces brins de fil sont bien secs, on les dispose autour d'une houppe de laine verte ou jaune bien peignée (voyez fig. 91). On arrange les pétales autour de ce cœur, de manière qu'ils débordent un peu l'un sur l'autre. On les

Fig. 92.

coud avec de la laine fine. On attache aussi légèrement, les uns aux autres, sur le côté, les pétales du bord extérieur de la rose. La tige se compose, comme celle des autres fleurs, de brins de fil de fer recouverts de laine verte. La fig. 92 représente la rose terminée.

Si l'on veut faire une rose nuancée, on mettra les petits pé-

tales près du cœur, de la nuance la plus foncée, et les autres
moins gradués de manière que ceux du tour extérieur soient
les plus clairs.

On fait ainsi le camellia, la pivoine et la rose-trémière.

VOLUBILIS.

Cette fleur est une des plus jolies que l'on puisse faire en
laine. On se sert de laine anglaise 3 fils de plusieurs nuances
bleues, roses ou lilas ; on en fait aussi de toutes blanches. Nous
donnons le modèle en petit du moule qu'il faut avoir (voy. fig 95).
C'est un rond plat, en bois, de 7 centimètres de circonférence,
percé d'un trou au milieu et de 24 trous placés à distances
égales tout autour.

On prend une aiguille à tapisserie enfilée de gros coton à
crochet, blanc ; à l'extrémité du bout de coton on fait un nœud
assez gros; on pique l'aiguille dans un des trous de la circonférence du moule, puis dans celui du milieu. On répète ceci tout
autour du moule, en laissant toujours un trou vide entre ceux
où l'on passe le brin de coton. Cela formera une étoile à douze
pans. On arrête le coton par derrière. Alors on enfile l'aiguille
de laine jaune et on la passe sous les brins tendus du coton
aussi près que possible du centre. On travaille avec la laine en
tournant et en passant toujours la laine autour des brins de
coton de manière à les cacher et à former des côtes. La fig. 95
indique la position de l'aiguille. Après le cinquième tour en
laine jaune, arrêtez en faisant un point de reprise en arrière.

Prenez la nuance de laine la plus claire ; lorsque vous aurez fait trois ou quatre tours, changez pour une nuance plus foncée et allez toujours ainsi en nuançant la fleur, jusqu'à ce que vous ayez recouvert les brins de coton jusqu'aux trous du moule. Arrêtez la laine et coupez la. Retournez le moule, coupez les fils par derrière, à deux centimètres de distance du bord extérieur, tout autour, et enlevez de dessus le moule, le tissu en laine que vous avez formé. La fleur prendra d'elle-même la forme creuse.

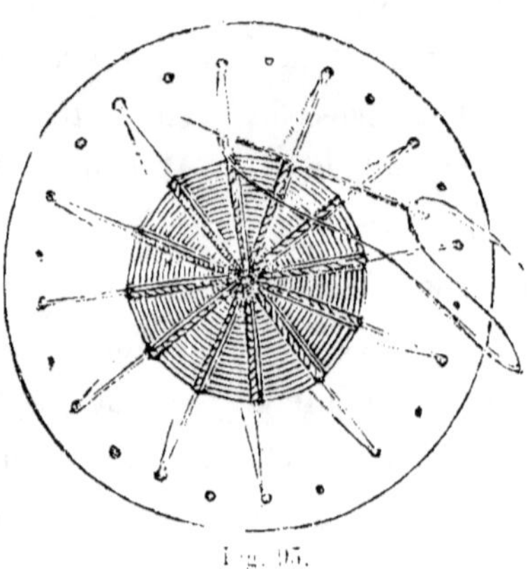

Fig. 95.

On se sert d'étamines de fleuriste qui se trouvent toutes préparées. Insérez-en huit dans la fleur par l'ouverture du milieu ; puis, avec un brin de fil de fer très-mince, vous serrerez fortement les petits bouts de coton que vous ferez passer en dehors de la fleur ; vous assujettirez en même temps les étamines, puis, pour donner à la fleur une forme plus déterminée, vous nouerez ensemble, deux par deux, les brins de coton qui se trouvent encore au bord supérieur de la fleur, mais sans les serrer beaucoup. Cela forme un rebord autour de la corolle qui donne beaucoup de grâce à la fleur. Les bouts de coton se trouvent entièrement cachés sous ce rebord. Prenez ensuite,

Fig. 94.

pour la tige, un brin de fil de fer dont vous doublerez l'extrémité supérieure en l'assujettissant sous le calice du volubilis. Tournez de la laine verte autour du fil de fer en cachant soigneusement tous les bouts de coton.

Toutes les fleurs creuses ou clochettes se font d'après ce procédé. La fig. 94 représente le volubilis achevé.

LE LIS.

Cette belle fleur réussit très-bien en laine. On la fait souvent servir à des bouquets pour autels de la Vierge. On y ajoute alors des feuilles artificielles qu'on trouve toutes préparées chez les fleuristes.

Les pétales du lis se font d'une manière toute différente de ceux des autres fleurs. Prenez un bout de fil de fer un peu plus gros que celui employé pour les fleurs précédentes et de 16 centimètres de longueur; ployez-le de manière à lui donner la forme du pétale du lis, pointu du haut, légèrement renflé des côtés et allant en diminuant jusqu'en bas; ayez un bout de fil de fer mince et entortillé d'un brin dédoublé de laine blanche; fixez-le au haut du pétale, il doit le traverser, et vous en tordrez l'extrémité avec celles du gros fil de fer formant le contour extérieur. (Voyez fig. 95.) Enfilez ensuite une aiguille à reprises avec de belle laine cachemire blanche, et commencez à remplir l'intérieur du pétale en partant du haut à droite. Cela se fait par une sorte de point de reprise qui s'exécute de la manière suivante : on fait passer le brin de laine en-dessus, d'un bord à l'autre, on passe l'aiguille par-dessous, de manière à entourer le fil de fer de gauche et à ramener la laine au-dessus du trait qu'on vient de former, on passe ensuite la laine sous le fil de fer du milieu, on traverse et l'on va entourer le fil de fer de droite, comme on le voit sur la fig. 95. On répète la même opération sur toute la longueur du pétale, en passant

toujours la laine alternativement en dessus et en dessous de la
ligne du milieu, de manière à former un tissu croisé. Ce travail
n'est pas difficile à faire, il s'agit seulement de l'exécuter bien

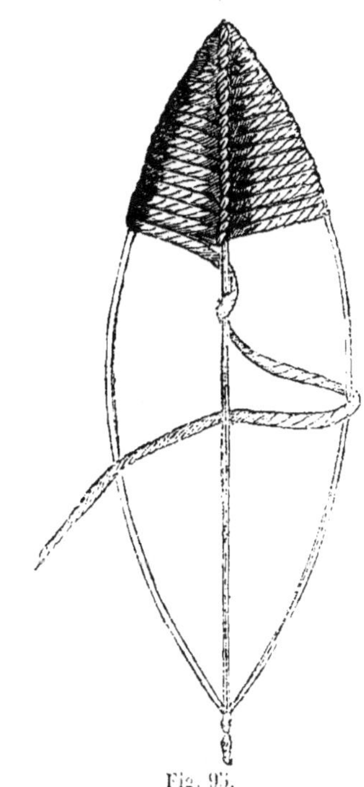

Fig. 95.

régulièrement et de ne pas laisser d'intervalles entre les
points.

Il faut six pétales semblables pour le lis. On les arrange en
les contrariant autour du pistil et des étamines ; on les attache
avec de la laine blanche enroulée autour de leurs extrémités

inférieures ; on courbe un peu le bout des pétales en arrière pour leur donner la forme naturelle.

Pour faire le pistil (voyez fig. 96), on prend un fil de fer mince, de 16 centimètres de long, on entortille autour, de la laine jaune ; on reploie une des extrémités de ce brin en trois

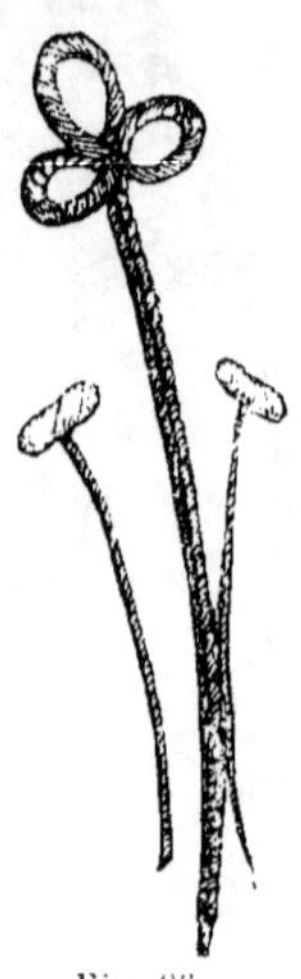

Fig. 96.

petits bouclettes. On fait six étamines de 6 centimètres de long avec du même fil de fer entortillé de laine blanche, on courbe le bout qu'on entoure de laine jaune. La tige en fil de fer plus gros, s'attache au pistil et s'enroule de laine verte.

On peut se servir de pistil et d'étamines de fleuriste ; ils sont beacoup plus naturels.

La tulipe et le crocus se font de même.

Pour le feuillage de toutes ces sortes de fleurs en laine, on emploie les feuilles artificielles, ou bien on les découpe soi-même en papier vert. Le plus souvent on entoure ces fleurs de mousse tricotée en laine de plusieurs verts. Voyez la manière de la faire au chapitre TRICOT, p. 99.

CHAPITRE IX.

FRANGES ET GLANDS.

Il y a un si grand nombre d'ouvrages qui ont besoin d'être terminés par une frange que nous consacrons un chapitre spécial à la confection de ce genre de garniture.

FRANGE A BOULES.

On prend un petit écheveau de laine, on le dédouble et on le coupe en deux pour en obtenir la longueur entière. On attache à l'extrémité de cet écheveau un brin de laine séparé, on fait descendre ce brin un peu plus bas, et tout en le maintenant avec le pouce de la main gauche, on le fait tourner autour de l'écheveau ; puis on forme un nœud en introduisant le brin dans

la boucle maintenue par le pouce, on serre et on tourne le brin
encore une fois autour de l'écheveau en faisant un second
nœud au-dessus du premier ; on répète ce procédé en nouant
la laine à distance égale, ainsi que le montre notre dessin,
(voyez fig. 97) jusqu'au bout de l'écheveau. Ensuite on coupe

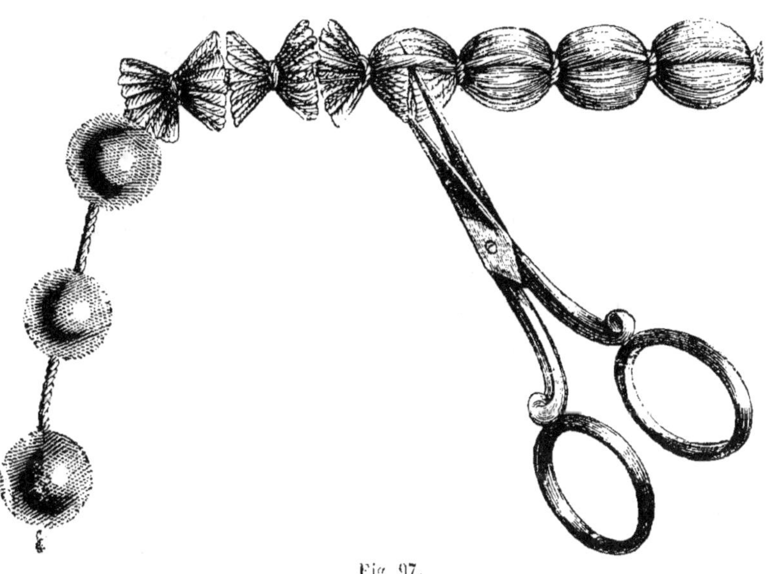

Fig. 97.

avec des ciseaux tous les brins de laine au centre de chaque
boule, en laissant seulement le brin qui les attache. Notre
dessin montre les boules nouées, puis découpées et enfin terminées. Les boules doivent être ensuite peignées et tondues jusqu'à ce qu'elles présentent une surface bien ronde. Leur dimension dépend naturellement de la grosseur et de la quantité de la
laine qu'on emploie.

On se sert souvent de ce genre de frange pour garnir des capelines au crochet ou au tricot en laine; pour cela il faut une
guirlande de boules de la longueur de trois écheveaux de laine,
on attache cette garniture au bord du tricot en la disposant en
festons de trois boules chacun.

Si l'on veut garnir un bas de jupon ou un tapis de table, on
fait les boules beaucoup plus grosses, et on coupe le brin de
laine à distances égales en ne laissant que trois boules à chaque
brin. On coud ensuite tous ces brins séparés à la distance
de cinq centimètres, à un lacet de laine qui forme la tête de la
frange.

On peut faire les boules de deux couleurs, en joignant deux
écheveaux de laine de couleurs différentes. Quelquefois aussi on
noue les petites boules blanches avec un brin de laine de couleur, ce qui est d'un joli effet.

FRANGE TREILLAGÉE.

La figure 98 représente le bout d'un ruban coupé; les bords
en sont repliés. Dans ces bords sont percés à distances régulières au moyen d'un poinçon d'acier, huit trous de chaque côté;
des houppes de huit à dix brins de soie de cordonnet, longs de
20 centimètres, sont passés dans ces trous et noués fortement.
Puis ces houppes sont disposées en treillage. Pour cela, il faut
fixer le bout du ruban solidement à un plomb-pelote devant
soi, et prendre les houppes de soie en les croisant; on attache
chaque croisillon avec un brin de soie qu'on noue solidement;

il n'est pas nécessaire de couper ce brin de soie à chaque petite croix ; on le fait passer en-dessous des brins de chaque houppe, en les cachant aussi bien que possible.

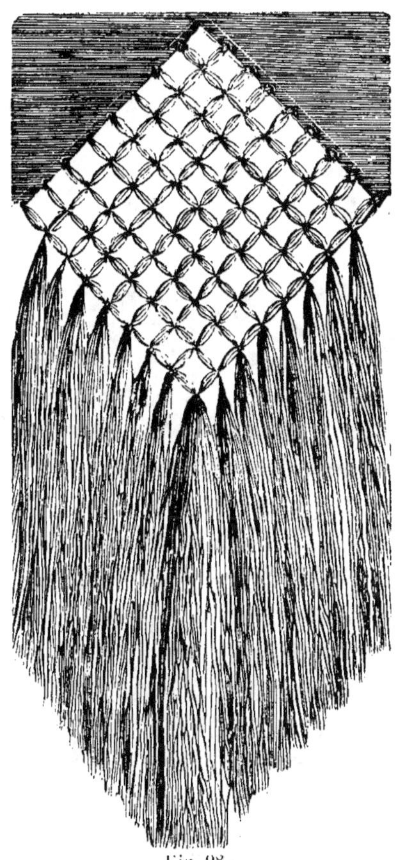

Fig. 98.

On fait aussi ces franges treillagées en effilant le bout d'un ruban à une hauteur de 20 centimètres. Pour cela il faut abattre la lisière du ruban de chaque côté à cette hauteur. Puis on *défile* toute la soie en travers. Avec les effilés qui restent on fait un treillage, soit en nouant toujours les deux houppes correspondant de chaque côté, ensemble; soit en les réunissant au moyen d'un brin de soie croisé.

Ces franges terminent gracieusement une large ceinture de taffetas ou une petite cravate.

FRANGE TRICOTÉE DANS LE SENS DE LA HAUTEUR.

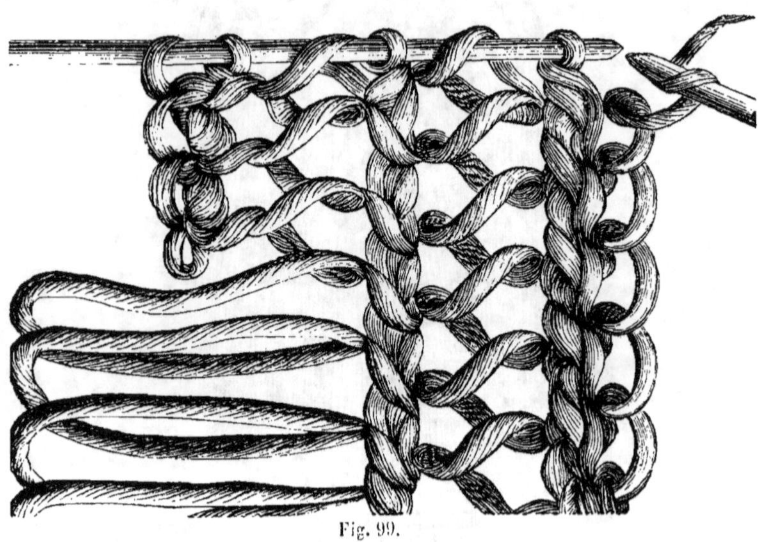

Fig. 99.

Cette frange se fait ordinairement en laine pour garnir des couvre-pieds exécutés au crochet tunisien ou au tricot. On se sert de laine 10 fils, de Saxe et de deux aiguilles de buis.

Montez 6 mailles.

Une maille jetée ; pour faire cette maille on jette la laine d'arrière en avant sur l'aiguille tenue dans la main droite, 1 rétrécie *en biais,* c'est-à-dire que l'on pique l'aiguille de droite à travers deux mailles, de devant en arrière, dans la direction de la pointe des aiguilles. Répétez deux fois ces deux points. Tous les tours se font de même. Aux tours suivants il faut toujours tricoter la maille jetée du tour précédent ensemble avec une autre pour former la maille rétrécie. Lorsque vous avez terminé une band d'une longueur suffisante vous détricotez les mailles dans le sens de la largeur, en commençant par défaire la première maille du tricot. Vous détricotez les mailles jusqu'à la hauteur indiquée par notre dessin (voyez fig. 99).

FRANGE AU CROCHET (voyez fig. 100).

Ces sortes de franges servent à garnir les voiles de fauteuils, les couvre-lits, les dessus de table, etc., faits au crochet. On emploie le même coton que celui du fond et un crochet d'acier de grosseur assortie.

On commence par une chaînette de la longueur nécessaire.

1er *tour.* 1 barrette, 1 maille en l'air, sous laquelle on passe une maille de la chaînette. Répétez.

2e *tour.* 1 maille double dans la première barrette du tour précédent, 5 mailles en l'air, sous lesquelles on passe trois mailles du tour précédent. Répétez.

3e *tour.* Sur le plus proche feston composé de mailles en

l'air, faites 5 barrettes doubles, 5 mailles en l'air. Répétez.

4ᵉ *tour*. 1 maille double dans chacun des vides du tour précédent; entre chaque maille double 5 mailles en l'air. Répétez.

Fig. 100.

5ᵉ *tour*. Sur le plus proche feston composé de mailles en l'air, faites * 1 maille double, 1 demi-barrette, 1 barrette, 5 mailles en l'air, 1 barrette, 1 demi-barrette, 1 maille double. — Pour faire une demi-barrette, on procède comme lorsqu'on commence une barrette ; seulement on passe le fil en une seule fois au travers des trois boucles qui se trouvent sur le crochet. Répétez depuis le signe *.

Dans chaque feston de ce dernier tour on passe six brins de coton de neuf centimètres de longueur et on les noue.

FRANGE AU FILET (voyez fig. 101).

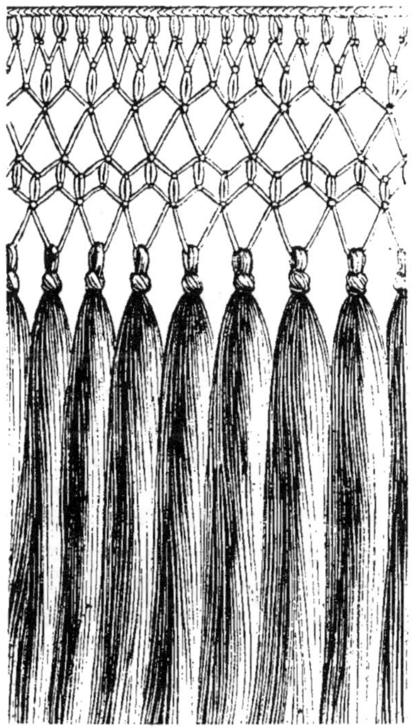

Fig. 101.

Pour faire cette frange il faut du coton ou de la soie de deux grosseurs différentes, et deux moules dont l'un doit avoir le

16

double d'épaisseur de l'autre. Montez sur le petit moule et avec le coton fin, le nombre de mailles nécessaire pour la longueur de la frange. Faites par dessus, en allant et en revenant, deux tours avec le même coton.

3e *tour*. Avec le gros coton et le gros moule. Une seule maille avec deux mailles du tour précédent.

4e *tour*. Avec le coton et le moule fins. 2 mailles dans chaque maille.

5e *tour*. Même coton et même moule. 1 maille dans chaque maille.

6e *tour*. Gros coton et gros moule. On prend 2 mailles pour faire une maille, mais de manière que chaque nœud se trouve entre deux grandes mailles du tour précédent. Dans chacune des grandes mailles on noue six brins de coton de dix à quinze centimètres de longueur.

FRANGES SUR MOULE.

On exécute cette sorte de frange comme nous l'avons expliqué au chapitre des fleurs en papier, page 162, et fig. 86. Quand on a serré les bouclettes de laine sur le moule avec du fil de fer fin, on les fait glisser hors du moule et on a une frange bouclée dont on se sert pour garnir de petits tapis de laine et autres ouvrages de fantaisie.

Une autre manière de faire une frange sur moule est indiquée au chapitre TAPISSERIE, page 72, et fig. 56. On fait plusieurs rangées de point de fourrure sur le moule autour d'un ouvrage

en tapisserie au point croisé et cela fait une frange bouclée d'un
très-joli effet, surtout quand on nuance les laines depuis la teinte
la plus foncée jusqu'à la plus claire.

GLAND EN PERLES (voyez fig. 102).

Ce gland servira à orner les suspensions, étagères ou cordons
de sonnettes en perles. Notre modèle était fait en perles rocailles de trois couleurs, blanc, ambre et bleu. On commence
par enfiler huit perles blanches dont on forme un anneau, puis
on travaille en tournant.

1er *tour*. Piquez dans une perle, enfilez trois perles blanches,
passez une perle et piquez dans la suivante ; répétez encore trois
fois de même.

2e *tour*. Faites quatre bouclettes de cinq perles *ambre* en les
rattachant aux bouclettes blanches.

3e *tour*. Quatre boucles de cinq perles bleues, sous la pointe
des boucles ambre.

4e *tour*. Quatre boucles de cinq perles blanches entre les
quatre boucles bleues.

5e *tour*. Huit bouclettes de trois perles blanches.

6e *tour*. Huit boucles de cinq perles ambre entre les précédentes.

7e *tour*. Piquez dans la pointe d'une des dernières boucles,
enfilez trois perles bleues, trois blanches, trois ambres, puis
encore trois de chaque couleur; ensuite cinq bleues, piquez
dans la troisième, enfilez deux perles, piquez dans la troi-

sième, répétez quatre fois depuis le signe * en complétant
chaque chaînon avec la même couleur. Enfilez deux perles

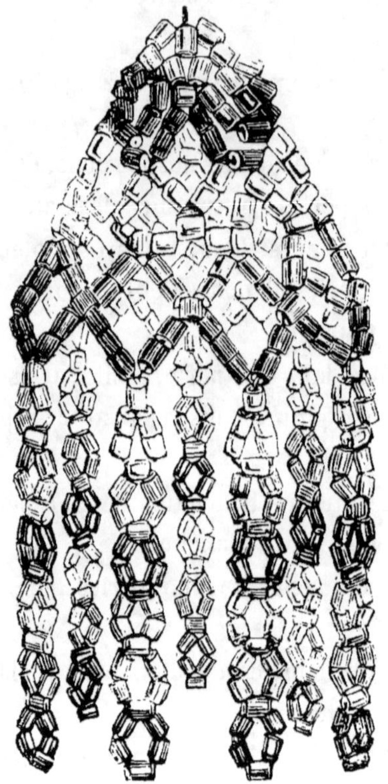

Fig. 102.

bleues, piquez dans la pointe de la boucle suivante du tour précédent et répétez de même pour les sept autres boucles.

GLANDS EN LAINE OU EN SOIE.

Quand on ne veut pas faire la dépense de glands en passementerie pour achever une bourse ou une blague, on peut les
faire **tout** simplement en soie d'une manière bien facile. Taillez
un morceau de carton de la hauteur dont vous désirez que soit
votre gland ; dévidez sur ce carton de la soie de cordonnet ;
quand vous en aurez une épaisseur que vous jugerez suffisante,
passez sous la soie, à l'une des extrémités du morceau de carton, un brin de soie et nouez-le fortement.

A l'autre extrémité du carton, faite glissez une des lames de
vos ciseaux entre le carton et la soie et coupez-en tous les brins
d'un coup de ciseaux bien net. Repliez alors le petit faisceau
de soie du côté lié, en ayant soin de mettre en dedans le nœud
du brin ; formez une tête à votre gland en tournant, à une petite
distance de la partie repliée, de la soie ou du cordonnet d'or et
placez soigneusement chaque brin bien à côté l'un de l'autre ;
faites ainsi cinq ou six tours bien serrés ; enfilez le bout avec
une aiguille que vous passerez à travers la tête du gland pour
arrêter solidement la soie.

Les glands en laine se font de la même manière.

MANIÈRE DE LEVER LES PATRONS.

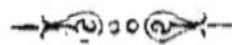

Ce petit livre étant surtout destiné aux abonnées des journaux de dames, et ces journaux donnant tous des patrons dessinés sur papier, nous croyons être utiles en enseignant une manière simple et facile de les relever.

Il faut avoir une grande table recouverte d'un tapis ou d'une couverture un peu épaisse. Etendez dessus une feuille de papier de la grandeur de celle où sont dessinés les patrons, puis posez la feuille de patrons par dessus et assujettissez les deux feuilles ensemble au moyen de quelques épingles. Prenez un poinçon en ivoire ou en acier, pas assez pointu pour qu'il perce le papier, mais émoussé, et avec ce poinçon passez, en appuyant un peu, sur le trait du patron que vous désirez reproduire. Il y a quelquefois sur les feuilles de patrons un grand nombre de ces traits qui s'entre-croisent et paraissent se confondre d'une manière qui, au premier coup d'œil, paraît inextricable ; mais on sort de ce chaos très-facilement avec un peu d'attention. On

remarquera d'abord que chacun de ces traits est marqué d'une
façon particulière, et qu'on peut reconnaître chacun d'eux à
travers tous les autres, dans quelques directions qu'il puisse
prendre. On a donc choisi un patron, on remarque le trait qui
le désigne, et l'on passe son poinçon sur ce trait sans s'inquiéter
de tous ceux qui le traverse. Quand on a ainsi appuyé sur une
partie du patron, on détache les feuilles de papier et sur la
feuille de dessous on trouve un trait marqué par la pression du
poinçon. On le suit avec un crayon pour ne pas le perdre, puis
on découpe sur le tracé du crayon et on a une des parties du
patron. La même opération peut se faire au moyen d'une roulette, ce qui dispense de se servir en suite du crayon, le passage
de la roulette étant suffisamment marqué sur le papier. On
recommence de même pour les autres patrons. Pour un patron
de corsage par exemple, il y a quatre parties, une moitié de
devant, une moitié de dos, un petit côté et une moitié de manche.
Il se trouve parfois dans les feuilles de patrons, des parties
repliées faute d'espace. On les décalque alors à part et on les
ajoute aux endroits désignés, en les plaçant bien en face l'un de
l'autre; une petite bande de papier collée mi-partie sur un
patron, mi-partie sur l'autre, rendra plus facile l'emploi du
patron découpé qui sera ainsi rendu dans son entier.

TABLE DES MATIÈRES.

TABLE DES ILLUSTRATIONS.